文春文庫

映画の生まれる場所で

是枝裕和

文藝春秋

映画の生まれる場所で

photo L. Champoussin ©3B-分福-Mi Movies-FR3

映画の生まれる場所で

目次

はじめに　寒いパリの夜に

2022年11月30日。新作の映画『ベイビー・ブローカー』(1)の公開キャンペーンで訪れたパリで、久しぶりにカトリーヌ・ドヌーヴさん(2)、ジュリエット・ビノシュさん(3)と再会した。数多くの取材を受け、前日にはパリプレミアの上映を終え、滞在中、最大のそして最後のイベントがカトリーヌさんとの会食だった。

この夜カトリーヌさんが指定した4区にある小さなレストランに集まったのは、プロデューサーの福間さん(4)とマチルドさん(5)、通訳のレアさんに僕を加えて、総勢6名。この本にも度々出てくる名前である。約束の時間を30分過ぎた頃、ようやくカトリーヌさんは到着した。

「あら何？　何も食べずに待ってたの？(バカねえ)」

これが最初のひと言。体調を崩されたと耳にしてから久しぶりの対面だったので、お会いするまではさすがにちょっと不安だったが、相変わらずの振る舞いに場の空気は一気に和んだ。

カトリーヌさんは席に着くなり顔をしかめて「何この音楽……趣味悪いわねぇ……夜にこんな音楽かけないでよ……止まらないの？」と注文。（自分で指定したレストランなのに……）と心の中で突っ込みを入れたが、僕は彼女が席に着いて5分も経たないうちにもうクスクス笑いが止まらなくなっていた。

ちなみにここに書いているカトリーヌさんの言葉は当然だがすべて隣りに座っているレアさんの通訳を経由したもの。なので語尾含め、かなりニュアンスは僕の想像が加わっていて、やはりどこか樹木希林さん（6）の香りがプラスされていることは先に断わっておこう。

興味無さそうにメニューを見て適当に注文を済ました後はノンストップで最近観た映画と出演した作品の寸評（主には悪口）を楽し気に続ける。これも撮影中と一緒。「嫌い」「才能無い」とジャッジされると完成した作品も観ないし監督とも二度と会わないという話をよくされていたので、こうして公開後3年経ってもディナーに誘ってもらえて正直ホッとしている。

2023年の1月の末に、コペンハーゲンの映画博物館で長期にわたって開催されていた僕の回顧上映《レトロスペクティブ》に招待されて参加して来たのであるが、『真実』（7）の上映後に観客との質疑応答があった。そこでの僕の喋りの大半はいかにカトリーヌ・ドヌーヴという女優がスタッフや共演者に愛される存在だったかということに終始した。会場は何度も笑いに包まれた。

　僕は見たまま聞いたまま事実を話しているだけなのだが、どこか持ちネタのようになっているようだ。文字にしてしまうと僕が再現する彼女の振る舞いや言動は「わがまま」「毒舌」という言葉に変換されやすくその実像からは大きく離れてしまうので、とても危険だ。そこも含めてやはり樹木希林さんとよく似ていると思う。

　希林さんとカトリーヌさんは1943年生まれの同い歳。希林さんは1月生まれなので先日80歳（ご存命なら）の誕生日を一足早く迎えた。もちろん女優としてのキャリアの重ね方も、人生観もまったく違うのだけれど、2人に共通している部分があるとすると「面白がる能力」だと思っている。楽しむ、とは違う。誤解を恐れずに言うと、怒っている時も悪口を言っている時も、体調が悪いことを説明される時も何だかちょっと面白がっているところがあるのである。

「ピンチに立たされた時にその人の本質が見えるのよ」とこれは希林さんの言葉だけれど、ピンチに立たされた自分自身を客観視して面白がっているようなところがおふたりにはあった。なかなか出来るものではない。

　さて、冒頭のレストラン。注文したお肉が運ばれて来て、ひと目見るなりカトリーヌさんは表情を曇らせた。どうやら思っていたのとは違ったらしい。（いいわ、あんまりお腹空いてないから）と、ちょっとだけ口をつけてすぐにフォークを置いてしまい、また、お喋りに集中していた。ジュリエットさんは魚を注文したのだけれど、それをチラと盗み見て、また喋る。またチラと見る。（美味しい？）来た来た。ジュリエットさんも、（きっとそう言うと思ってた）と言わんばかりに大きく目を見開いて僕たちに視線を向けると、あらかじめ口をつけずに取っておいた半身をカトリーヌさんのお皿に（ハイ）と載せてあげる。それを当然のことのようにお礼も言わずにペロリとたいらげる。なんというコンビネーション。

お互い会うのは久しぶりだと話していたふたりだったが、本当の母と娘、いや義母と娘のようなやりとりをまた体験させてもらった貴重な時間だった。食事を終え6人は表に出て記念写真を撮った。

「もうさっきお店の中で撮ったからいいじゃないよ。ハイハイもうお開き」と言うようにあっさりと、名残り惜しそうにしないところも希林さんとの共通点。あっという間に車に乗って冬のパリの街に消えて行った。

ここまでが『真実』の後日譚。本文の始まりは5年前の夏、2018年の8月に遡ることになる。

この『映画の生まれる場所で』に収められているのは『真実』という一本の映画が出来るまでの監督の観察日記であり、映画制作を巡る監督の奮戦記である。楽しかったことも辛かったことも、発見も喪失も、出来るだけ正直に書いたつもりだ。

大先輩である希林さんとカトリーヌさんのようには出来なかったかも知れないけれど、

精一杯自分に起きたあれこれを面白がって記したつもりでいる。映画監督って映画作りってたいへんだけど面白いんだなぁ、と少しでも思っていただけたら幸いである。

2023年1月30日

是枝裕和

機内で最初に書いたメモ

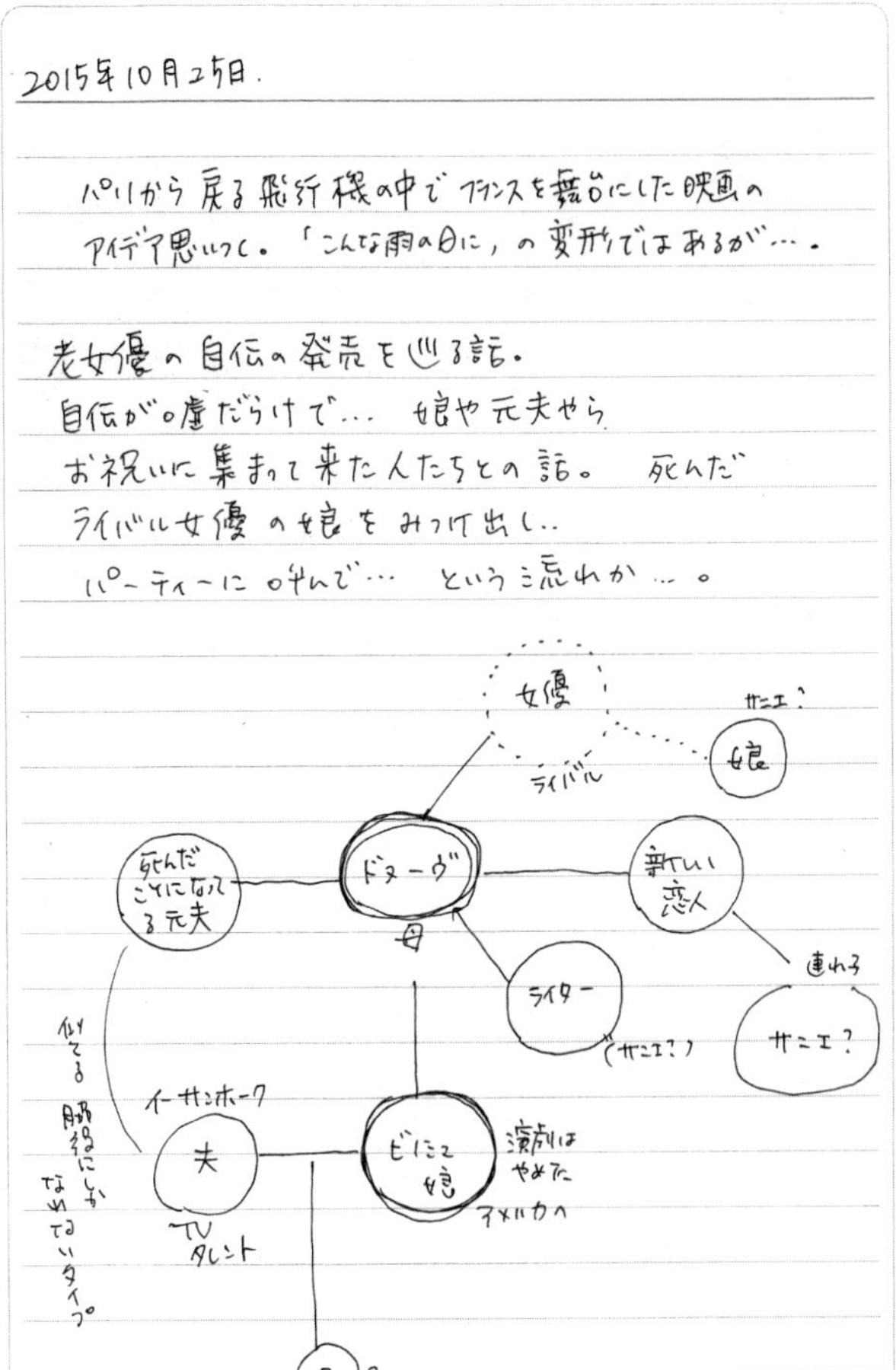
2015年10月25日.
パリから戻る飛行機の中で フランスを舞台にした映画の
アイデア思いつく。「こんな雨の日に」の変形ではあるが…。
老女優の自伝の発売を巡る話。
自伝が嘘だらけで… 娘や元夫やら
お祝いに集まって来た人たちとの話。 死んだ
ライバル女優の娘をみつけ出し..
パーティーに呼んで… という流れか…。
女優
ライバル
サニエ?
娘
死んだことになってる元夫
ドヌーヴ
母
新しい恋人
連れ子
ライター
(サニエ?)
サニエ?
似てる
脇役にしかなれないタイプ
イーサンホーク
夫
TVタレント
ビノシュ 娘
演劇はやめた
アメリカへ
子?

整理された人物相関図

2018／8／23

入院中の希林さんの容態がよくないということで『真実』の制作準備を中断して、急遽帰国することにした。会うことはかなわなかったが也哉子さん（8）に連絡をして機内で書いた手紙をご自宅のポストに投函。一泊だけしてパリへとんぼ返り。21時半にシャルル・ド・ゴール空港に戻る。メールをチェックすると留守にした2日の間に、カトリーヌさん演じる主人公の老女優の自宅に予定していた家から撮影を断られたので、ロケハンをやり直したいという連絡が入っていた。3月のロケハン時に訪れて、中庭に面した円型のテラスのようなスペースに一目ぼれをし、ここをオープニングのシーンにするつもりで先週脚本の決定稿を書き上げたばかりだった。クランクインの10月4日まで7週間を切ったこのタイミングで、撮影の7割近くを行う家が白紙になるというのは「ありえない」ピンチである。

前年の2017年の9月だから、クランクインの1年以上前にシナハンを兼ねてパリ郊外の家を見てまわった。僕の最初のイメージは『サンセット大通り』（9）でグロリア・スワンソン（10）演じる元大女優、ノーマ・デズモンド（11）が暮らしているあの邸宅だった。

パリの郊外まで足を延ばし、いくつかの候補を挙げたのだけれど、カトリーヌさんに提案したら「そこはパリじゃない」と一蹴された。「私はパリから出たくない」と。「この主人公がパリを出てそんな田舎で暮らしているとは思えないわ。だってまだ引退せずに映画にも出演しているでしょ」と、もっともらしい理由を、しかし説得力を持って話す。「移動がめんどうくさいだけじゃないんですか?」とはとても言い出せない状況だ。「そんな遠いところ、朝は渋滞で道が混むから1時間以上かかるし、私は午前中は動けないから、そうなると到着が1時を過ぎるわよ」

そう、たたみかけられるとこちらもなかなか強引に押しきる勇気がない。もしそんなことになると、いくらなんでも日に日に日照時間の短くなっていく晩秋のパリでデイシーンを撮影することは不可能だ。これは考え方を変えないといけない。しかし問題は、彼女がパリだと考えている範囲が著しく狭いということだった。

「撮影所はパリのエピネに決めました」「古い撮影所ね。私も何本かあそこで撮ったけど、あそこはパリじゃないわよ」

彼女が考えるパリとはおそらくご自身が住んでいる6区の自宅から愛犬のジャック(柴犬)の散歩で歩く半径50メートルくらいなのではないかと思うのだが、そんな狭い地域のなかに、撮影で2カ月近く留守にしてくれる大きなお屋敷が今から見つかるとは到底思えない。

一目ぼれしたテラス

（さあどうしたものか？）

とスーツケースが出て来るのを待っていたら也哉子さんからメールが届いた。

入院中の希林さんはしゃべることができず筆談だったらしいのだけれど、僕が病室にやってきた夢を見たそうで。それがお見舞いというよりもドヌーヴと彼女のシーンを撮るためのロケハンでこの病院が使えないかということだったらしく、病室に入ってくるとソファに横になって寝てしまったらしい。直接は会えなかったけれど、こうして夢で会えたのなら、やはり無理して帰国してよかったのだろう。僕が投函した手紙は希林さんが「読んでほしい」と言うので枕元で也哉子さんが読んでくれた。本人だけに伝えようと思っていたお別れの手紙だったので、ご家族の目に触れてしまうのは申し訳ないという気持ちと、それでも病室のその2人の様子を想像して、少し涙が出た。

ホテルに戻り風呂に入る。久しぶりにバスタブにつかる。風呂上がりに冷やしておいたレモネード。これがビールならサマになるのだが。ホテルから歩いて1分のところにあるBIOのスーパーで買った。美味しい。明日まとめ買いしておこう。この夜、シーズン1のラストがあまりに尻切れトンボだったのが気になって『プリズン・ブレイク』(12)シーズン2の1話を観る。今回のイーサン・ホーク(13)はアメリカの脱獄モノのテレビドラマの「穴掘りスタン」役で人気の出始めた遅咲きの役者という設定。もう少し掘り下げていく必要がある役。

5月のカンヌ映画祭(14)への参加を終えて(最高の結果であった)、すぐに帰国はせずにニューヨークへ飛んだ。イーサン・ホークに出演を直談判するためだった。エージェントを間に挟んでの交渉だと、いったい彼がこの映画に、この役に前向きなのかどうなのかもわからない。アメリカから役者を呼ぶことに最初から乗り気ではなかったプロデューサーのミュリエル(15)は、「ほんとうに彼がいいのか? ヨーロッパの役者じゃ駄目なのか? 娘が暮らしているのはなぜイギリスでは駄目なのか?」と繰り返す。経費等を考えたら、プロデューサーとしては妥当な言葉だと思うがスルーした。

「イギリスだと主人公のファビエンヌ(カトリーヌ)が馬鹿にしにくいじゃないですか。それに近すぎて結婚式以来久しぶりに会うという設定に説得力が無くなります」

そう押しきった手前、この渡米でなんとか前向きな返事をもらって帰りたかった。

＊　＊　＊

2018／5／21

約束の時間より少し遅れてイーサン・ホークはレストランにやって来た。立ち上がって握手をする。

「子ども達に晩ご飯を食べさせて寝かせてから来たので少し遅れてしまってごめんなさい。それとコングラチュレーション。このタイミングのオファーは断りにくいなぁ……」

この時、ずっと現実感の無かったパルムドール(16)という賞の重みみたいなものを初めて感じた。

イーサンは晩ご飯はすませてきたということで、オイスターを少しとウィスキーを飲みながら、『ビフォア』シリーズ(17)や『6才のボクが、大人になるまで。』(18)の撮影時の話など、楽しそうにしてくれた。まだ出演を正式に受けてはいないのだが、秋にひとつ友人の監督の小さな映画の撮影があり、12月には舞台の仕事が決まっている。友人の映画を舞台の後に時期をずらせるかどうか聞いてみよう、と「前向きな」返事を引き出すことには成功した。イーサンの携帯が鳴る。「どうやら子どもが目を覚まして眠れないと言っているから帰るね」そう言い残して彼はお店を出ていった。素敵な夜だった。

数日後、正式に出演の承諾の連絡がパリに届けられた。これで作品の「世界」から一気に霧が晴れた。

8／24

朝8時起床。9時にクリーニングを出し、宿泊しているホテル、メゾン・ブレゲの1階のレストランで朝食。今日のオムレツは美味しかった。作っている人が変わったか？10時半、同じ場所で今回音楽をお願いする、アレクセイ・アイギさん[19]と打ち合わせ。少女が動物園に迷い込んだような賑やかな感じを出したい。あの空間が祝福されるような曲を、と話す。

今日は20時半からジュリエット・ビノシュさんと打ち合わせ。そこへ向けて午後ハネケ[20]の『隠された記憶』[21]とキェシロフスキ[22]の『トリコロール／青の愛』[23]を観なおす。

夜。ビノシュさんの自宅へ。

『青の愛』の時は音楽はクランクインの前にすべて出来ていた。撮影現場でその音楽を流し、聴きながら演じ、撮った。プールで泳いで、水中から上半身を出す瞬間に頭の中で音楽が鳴るが、あそこもそうか？　と聞いたら「そうだ」と。作曲家としての楽譜の持ち方や、音符を目で追う動作とか姿勢はどういった役作りをしたのか？

「サントラを作ってくれた作曲家のところへ行って取材をした」

彼女が抱えている哀しみについては？

「哀しみは考えない。喪失感をここ（胸）に抱える感じ。それは2年前に夫を亡くした女性に脚本を読んでもらった」

ラストシーン。音楽を聴きながら一筋の涙を流す。その後少し微笑むが、脚本には何て書いてあったか覚えているか？

「このシーンは唯一泣くことを許可された」

「笑っているテイクも撮ってほしいというのは、私から提案した」

「その時の役の感情と自分の感情がつながっていれば泣ける……」「役者は役をいろんな側面から分析することが必要」「メソッドも時と場合によっては有効なアプローチの方法だと思う」

「リュミールという人間は人間としてふところで何を必要（need）としているか？」

「それは愛なのか？　富なのか？　本音、建前、環境……何が物語を進めていくのかを考える」

その人間が表面的に何を求めていて（want）、実際は何が必要（need）か、この2つを分けて考えることが演じるうえではとても重要になるという。これは演出するうえでもとても役立つ考え方だ。

一般的な質問もいくつかさせてもらった。

「高校の時に、タニヤ・バラショバという演技の先生に出会い、身体の重要性について教えられた」

「仏の女優は頭で考えすぎている」

好きな女優を3人挙げてくれという質問には、フランスならシモーヌ・シニョレ(24)、カトリーヌ・ドヌーヴ、ジャンヌ・モロー(25)、仏以外ならアンナ・マニャーニ(26)、ジーナ・ローランズ(27)、リヴ・ウルマン(28)。今回のリュミールという役のこの映画における役割について……。

「ドヌーヴさんを乗せるお皿を一緒に作って欲しい」と伝えた。

2人は今までなぜか共演していなかった。チャリティなどでは同席したことがあったようだが、芝居はしていない。

フランス映画関係者にそれとなく確認すると、共演NGというわけではないらしい(そのような組み合わせがいくつかあるらしい)。「なぜ実現してないのだろう」と聞くと、

「たいへんだからじゃない?」「フランス人ならそんな発想は出ないよ」と笑われたが……。

*　　*　　*

この作品の始まりのポイントはいくつかあるのだが、その中でも重要なのは2011年の1月にコ・フェスタというイベントでビノシュさんを日本にお招きして3時間半のインタビューをするホストを僕が務めたことだ。その晩は麻布のそば割烹の店で食事をし、翌日から京都旅行に同行した。

そこでビノシュさんから「何か作品を一緒に出来ないか」と社交辞令ではなく（たぶん）依頼をされた。彼女は京都で撮影したいという原作小説があったようだったけれど、どうせ撮るのであれば、フランスでフランスのスタッフ・キャストとやってみたいという気持ちを強く持った。

それから4年9カ月が経った2015年の10月25日。

アイデアは飛行機の中で思いつくことが多いのだが、この時もパリから東京に戻る飛行機の中で思いついた。ノートにはこう書かれている。

老女優の自伝の発表をめぐる話。

自伝が嘘だらけで……娘や元夫ら、お祝いに集まって来た人たちの話。

ライバル女優の娘を見つけ出し……
パーティに呼んで……
『こんな雨の日に』（29）の変形ではあるが……。

この時のノートには
母をドヌーヴ
娘にビノシュ（演劇をやめてアメリカへ）
TVタレントの夫をイーサン・ホーク
と3人の名前がすでに記されている。
タイトルは『真実の○○○《カトリーヌ》』。出版される自伝本のタイトルが映画のタイトルになるというアイデア。

2016年5月20日、『海よりもまだ深く』でカンヌ映画祭に参加している間にビノシュさんと打ち合わせ。18年の夏から秋にかけてパリで撮影するということで話が着地する。いよいよ本格的始動である。

2015年の4月にイニャリトゥ監督（30）の『バードマン』（31）という、かつてヒーローを演じた老優が舞台でレイモンド・カーヴァーの『愛について語るときに我々の

この作品を撮るきっかけとなったのは、ジュリエット・ビノシュだった。

監督でもあるイーサンが現場にいてくれるのは、とても心強かった。

語ること』を演じるという設定の映画が公開されていて、男と女の違いはあれど、さすがにこれは（たとえ思いついたのはこちらが先だとしても）カーヴァーをそのままというわけにはいかないだろうということは理解していた。ここはまず最初にクリアにしなければいけない課題だ。

2017／9／3

『三度目の殺人』(32)と一緒にヴェネチア映画祭(33)へ向かう。成田空港へ向かう成田エクスプレス車内。3週間後に迫ったドヌーヴさんのヒアリングへ向けてここからはじまるヴェネチア、トロント、サン・セバスティアンの旅の間はひたすらドヌーヴ、そして女優についての考察にあてる。ヒアリングを経て脚本第一稿執筆という流れだ。

機内で『ロシュフォールの恋人たち』(34)と『パリジェンヌ』(35)を観る。

ちょうどロジェ・ヴァディム(36)の本を読んだ直後だったので面白かった。

「フランス映画界はニューフェイスを、ジャンヌ・モローとかシモーヌ・シニョレほど肉感的でなくて、ブリジット・バルドー(37)ほど攻撃的でなく官能的な容姿を求めていた。ちょうど一つ席が空いていた」

ドヌーヴの登場を彼はそう評している。

「私はヒョウ柄のコートにヒョウ柄の靴は履かないわよ」とドヌーヴは笑う。

22年前と変わらぬロビー。

ドヌーヴさんは大切な監督を3人挙げてくれと言ったらどう答えるだろう。やはりドゥミ(38)、ブニュエル(39)、トリュフォー(40)、だろうか。

9／4

ヴェネチア映画祭参加。福山さん(41)、役所さん(42)、すず(43)と一緒に。『幻の光』以来だから22年ぶり。カンヌとは違って良くも悪くものんびりしている。寝不足の記者やカメラマンがギスギスしていないだけで、ちょっとホッとする。映画祭も、会場入りするまでのレッドカーペットに段差がなく、日常的であることにも端的に「哲学」が表れている。

ホテルのロビーで北野武さん(44)にご挨拶。白いシャツが似合っている。東スポ映画大賞でお会いするときにもいつも感じるのだが、テレビで拝見するビートたけしさんとは違って、本当に物静かで、映画に対して真摯な向き合い方をされていて感動する。ホテルの入り口の外に、たけしさんの写真を持ったファンが大勢集まっていて、改めてたけしさんの人気のすごさを目の当たりにする。ロビーの雰囲気は22年前とまったく変わっていない。裏口から砂浜に出るとすぐに海。昔の記憶が一気によみがえる。

取材や上映の合間をぬってホテルの部屋でドヌーヴ出演作のＤＶＤ観賞。

『暗くなるまでこの恋を』(45)
『トリュフォー最後のインタビュー』の中で、トリュフォー自身がJ＝P・ベルモンド(46)はミスキャストだったと認めているがその通りだと思う。
トリュフォーのドヌーヴ評
「彼女はうしろ向きにキャメラから遠ざかっていくシーンで最も重要な台詞をきちんと言うことができる」
トリュフォーがドヌーヴを冷徹な悪女として描こうとしていたことは記憶しておくべき。

『幸せはパリで』(47)

ドヌーヴは時にハッとするほど美しいが、そもそもこの役にあまり乗っているようには見えない。

ドヌーヴ研究(?)を小休止してアクターズ・スタジオ・インタビュー(48)を観る。

ポール・ニューマン(49)「私に才能はない。私の取り柄は粘り強さだけだ。ベティ・デイヴィス(50)は〝弱虫に老いは無理〟と言った。私も今、老いと戦っているところだ」

イーストウッド(51)がチェーホフ(52)の「心理的身振り」(53)を引用しながら演技

について「身体のどこかに心理的な中心（芯）を作れ」と話しているのが興味深い。

『終電車』(54)
とにかく作品自体が素晴らしい。
「消えた女」という芝居を上演する役者たち。
戦時下。こういう切迫した設定を『真実』に加えるかどうか？
地下室にいる夫にばれるかばれないか！　とか。
地上の妻と男の間に恋愛感情が芽生えていることに夫が声だけから気づく――とか
……。そんな描写があってもよかったか……。

『モン・パリ』(55)
やはりマストロヤンニ(56)との相性の良さは抜群。
したたかで現実的で可愛い女。

『キネマ旬報』の1992年8月15日号に掲載された『インドシナ』(57)についてのドヌーヴさんの言葉。
「この脚本には書き込まれていることと同じぐらい、

書き込まれていないことが豊かだった」

釈放された娘がもう戻らない、死んだと聞かされた時の「哀しみの背中」が素晴らしい。

『昼顔』(58)

この作品も『インドシナ』も『終電車』も、ドヌーヴは「２つの方向に引き裂かれる女」を演じている。

『キングス&クイーン』(59)

ドヌーヴはあまり登場しないが、作品としては１５０分まったく飽きることがない。

脚本のアイデアを思いつく(断片的に)。

もしも魔法が使えたら母との関係をやり直したいと思っている娘。

もしも魔法が使えたら、もっと良いお芝居がしたい。

それしか考えていない母。

『クリスマス・ストーリー』(60)

雪が美しく降る。

庭の花火のシーンの老夫婦2人の背中の素晴らしさ。

『ヴァンドーム広場』(61)ニコール・ガルシア
「棚に缶詰の果物があるわ」

棚の戸を開ける。

「ナタリーとは？　(棚の扉は)その次よ」

会話の間に別の話題を放り込む。大切な話とどうでもよい話を交錯させる向田邦子(62)的なテクニックが随所に見える。知らないだろうけど……。

9／26

トロント、サン・セバスティアンと映画祭を回ってパリに戻る。今日から2日間は主人公の家探し。

1軒目。モーという街。チーズが有名らしい。

紅葉は9月と10月。11月には葉はすべて落ちている。日本のように美しい紅葉というのはパリにはない。すぐ枯れてしまう。特に今、パリの街路樹は奇妙な病気にかかっていて、葉が茶色く変色してしまっているらしい。

家は素晴らしいが、ここまで遠いと、ディナーにパリまでは行かないか。

2軒目。パリとノルマンディーの中間あたり。

元病院、17世紀の初めに建てられた。

風と光が抜けていく。僕ならここに住む。

ブルジョアでカトリックの家が周囲には多い。

隠遁感がちょっと出すぎるか。

隣に住む黒人のお婆ちゃんがカトリーヌのところに食事を持って遊びにくるというアイデアを思いついたのだが「住む地域が違うからリアリティがない」と一蹴される。やはり住むのは諦めよう。

フランスは日本に比べればずっと移民には寛容だし、僕らのような外国人が映画を撮る時にもきちんと助成金が出る仕組みがある。つまり税金を自国民の狭義な意味での「国益」に限定して使うのではなく、映画という文化の利益のために使うという正しい「建前」というか「哲学」に制作者は支えられている。

ただ、実際に生活してみてわかるのは、民族や人種によって街はかなりはっきりと住み分けられているし、職業も限定されていてむしろ「階級社会」の名残りを強く感じた

この家は、やや男性的すぎるか……。

洗面台が回転する。

Neauphle-le-Châteauにある家。薄いブルーの配色が良い。元病院。

自由気ままな犬たち。

こういうディテールは大切。

りもする。

ロケハンをしていて気になるのはリオネルという制作部のスタッフが、ロケハン専門というか、撮影時には現場には付かない。つまりプリプロ（63）に限定されたスタッフということで、このあたりは日本とはシステムが違う。そして、たとえば、ロケハンが終わってみなでお茶をしたりする時には彼は同席しない。なんとなく、「外部」の人間としてプロデューサー陣は接する。スタッフを内と外で明確に分ける。僕が日本で映画を作る時には助監督とは別に監督助手という存在を傍《かたわ》らに置いて、撮影の進行とは無関係に自由に意見を言ってもらう。今回もそのような立場のスタッフを置きたいという提案をしたのだけれど、いくら説明してもその必要性を理解してくれない。

「なぜそのように経験のない人間の意見を聞くのか？」「その人間はどのような立場、権利で、メインスタッフの打ち合わせに参加するのか？」。確かに日本でも最初「あいつらは何者だ？」と言われたことはあるのだけれど、ここまで頑なに拒否反応を示されることは無かった。この「内と外」「上と下」を厳格に峻別しようとする態度、空気がとても居心地が悪い。これが、国レベルの映画作りをめぐる環境や考え方の違いに起因するのか、単にプロデューサーの人間性によるのか……、正直わからない。プロデューサーの福間からも繰り返し説得してもらい、渋々受け入れてもらったが、ロケハンへの同行は車に乗れる人数が限られるということで許可が出ない。

ロケハンで訪れる一軒家にはほとんど犬がいるわけであるが、もちろん鎖などにはつながれておらず自由気まま。庭はフンだらけ。そして、例外なく、とても臭い。何カ月も風呂に入れられていないだろう。

犬というよりはからまりあった毛の固まりが飛びかかって来て、顔をなめ、足元にまとわりつく。

いや、しかし、ひるがえってみれば、日本のまったく獣臭のしない犬たちのほうがむしろ例外なのだと考えたほうが良いのだろう。

9／28

カトリーヌさんインタビュー。

念願叶ってようやく実現。

彼女とは何度かお会いするチャンスがあったのだが、きちんとお話しするのは初めてである。

もう8年近く前になるが、たしか『歩いても 歩いても』(64)のキャンペーンでパリを訪れていた時にカトリーヌさんが会いたいと言っている、という連絡を受け、ホテルのロビーで待っていると、「今起きてシャワーを浴びている」と約束の時間を過ぎた頃に連絡があり、さらに「ちょっと体調が良くないらしい」とキャンセルになったことがある。その後ごく短いごあいさつ程度の面会(?)が一度(ホテルのロビーが禁煙だったので会っていた半分は表で煙草を吸っていた印象)。

カンヌの『海街diary』(65)の上映に来てくれて、上映後に投げキスをしてくれたこと。僕自身はこの時直接お話は出来なかったのだけれど、レストランで綾瀬はるかさん(66)が食事をしていたら、たまたま別のテーブルにカトリーヌさんがいたらしく綾瀬さんに「あの場所に立ち会えるというのは女優みんなが経験できるわけじゃないのよ。あなたはとてもラッキーだわ」と話してくれた、とあとになって綾瀬さんから知らされた。

この年の4月にも実は『真実のカトリーヌ』と題した脚本2歩手前くらいのロングプロットをお渡しし、パリでお会いする約束をしていたのだけれど、約束に大幅に遅れて来られたのと、たぶんまだプロットは読まれていないようだったのであまり内容の話は出来なかった。しかし、なんとなくお互いに(うまくやれるかも……)という手ごたえはなぜか感じていた。接触としては、あとはフランス映画祭(67)で来日したこの年の6月に団長だったにもかかわらず、レセプションでは不機嫌であまり話すチャンスに恵まれず、今回のロングインタビューも本当に実現するのか? 約束の時間に彼女が現れるのか? さっぱりわからない状況だった。

さて、自宅近くのホテルにやってきたドヌーヴさんは、とにかく煙草を吸える場所を求めて、ロビー奥のテラスに移動。インタビューの間中煙草を吸い続ける。ヘビースモーカーと聞いていたが違う。チェーンスモーカーである。

是　枝　初めてお芝居をしたのはいつ、何の役ですか？

ドヌーヴ　たぶん8歳か9歳の頃、通っていた学校がカトリックの学校だったんだけど、当時は木曜日がお休みで、学校に行くかわりにカトリックの教養を教えられる別の学校に連れていかれていたんです。そこでは宗教的なことだけでなく、いろいろな習い事が経験できたの。中でも小さな舞台に参加したときに、アメリカの少女みたいな、１８８０年代くらいの衣裳を着せられて。小さな帽子に長いドレス。そこでは舞台に立って演じるのではなく、歌うために出たの。もちろん衣裳は嬉しかったけど緊張して、いい経験ではなかったことを覚えている。私は高校に通うまではカトリックの学校に通っていて、ある意味部活のような感じで、木曜日はいろんな習い事に触れることができたの。

是　枝　4姉妹ということで、街でも女優になる前から評判だったと伺いました。

ドヌーヴ　でも、私の母は友人だったり知らない人から、「なんて可愛らしい4姉妹でしょう」なんて言葉をもらうたびに、「子どもに外見を褒める言葉なんて発しちゃいけないんだ」って。外見は生まれつきあるもので、自分が何か努力して獲得したものではないから、それは褒める必要がないと昔から言っていた。私もその考え方を受け継いで、子どもが2人いるけれど、「可愛い子ですね」と言われると、そういうことを言っちゃいけない、と言っているの。それについて、今、私の娘は自分の子どもを可愛いとすごく褒めているのだけれど、自分に対して私が褒めてくれなかったと、皮肉を言ったりしているわ（笑）。そういえば、最近作られてる映画って常に長過ぎると私は思うんだけど。だいたい、15分ちょっと切ってもいいんじゃないかしら。

是　枝　やばい、僕もよく言われる（笑）。

ドヌーヴ　でも、監督の作品を観てそう感じたことはないわ。2時間観ていて最後の15分は、たいてい飽きてしまった頃に終わりが来るものね。でも、その反面、3時間の映画を観ていてまったく退屈しなかったこともある。トルコの『ウィンター・スリープ（邦題：『雪の轍《わだち》』（68））』を観たときもそう。

是　枝　少しあなたの作品の話をしたいのですが、今までご自身が演じた中で一番気に入った役はどれですか？

ドヌーヴ　ブニュエルの『哀しみのトリスターナ』（69）とテシネ（70）監督の、ダニエル・オートゥイユ（71）の姉役を演じる『私の好きな季節』（72）ね。結局、そんなに兄弟と姉妹の関係を描いた作品ってないから、姉弟関係を演じるのが面白くて、それで覚えている。

是枝　トリスターナは？

ドヌーヴ　『哀しみのトリスターナ』は、少女から女性になる過程を描いているので、長期間にわたって役を演じきるのが面白かった。あとは、ブニュエルの作品は台詞が多くないけれど、それぞれが大事だったり、軽い言葉を言うにしてもそのトーンが皮肉だったり滑稽だったり、それが面白かった。

是枝　一緒に組まれて自分のキャリアに影響を与えたと思える監督を3人挙げるとしたら誰ですか？

ドヌーヴ　ドゥミ、トリュフォー、テシネ。

是枝　わかりました。それぞれの魅力を教えてください。

ドヌーヴ　ジャック・ドゥミは私が若かったのもあるけど、その頃演出がどんなものか白紙のような状態で、そこでドゥミがトラベリング（73）をしたりカメラワークが巧みだったり、難しいカットを撮っていた監督で、どこかバレエ・ダンスを思わせるのが面白かった。ドゥミと出会わなければ、女優の仕事はやめていたかもしれない。その頃は自分が続けるかやめるかを迷っていた時期だったけど、彼と出会ったことで気持ちは定まった。トリュフォーとテシネは

是枝　女性が好きで、女優が好きな監督で、もちろん監督はそれぞれ女優を見つめるんだけれど、より深く見つめてくれる。彼ら2人とはたくさん会話をして、作品が終わっても一緒に映画を観にいったり、強い信頼関係を結んだので、その2人ね。

ドヌーヴ　トリュフォーのインタビューの中でドヌーヴさんのことを、「彼女は後ろ向きにキャメラから遠ざかっていくシーンでもっとも重要な台詞をきちんと言うことができる女優だ」と言っているんですが、どうですか？

是枝　（笑）。真っ先に思うのが、女優と監督はすごく信頼関係が大事ということ。カメラの前に限らず、画面から出た後でも信頼を受けていて、自分が信頼していないと自由に動けない。自由にカメラの前で動くには信頼が強くないとダメ。

ドヌーヴ　もうちょっと続けてもいいですか？

是枝　どうぞどうぞ。

ドヌーヴ　僕と同世代のフランソワ・オゾン(74)やアルノー・デプレシャン(75)とも仕事をされていますけれども、その世代の監督たちと仕事をしてみて、2人の魅力はどこにあると思いますか？　繰り返しご一緒されているので、ドヌーヴさんとしても高く評価されている監督だと思うのですが。

ドヌーヴ　オゾンとデプレシャンは本当に対照的な監督で、オゾンは皮肉をたくさん言ったり、役にひどい扱いをしたり。けれど、もっとも大きな違いは、オゾンが自分で撮影監督をやっているということ。彼は、モニターで見るのではなく、カメラの後ろに立って彼が見ているものがカメラに映っているものなので、女優としては信頼を寄せているというのがまずある。オゾンはどちらかと言うと内気な感じの、表には感情を出さないタイプ。それに対して、デプレシャンはすごく言葉を発して、デプレシャンの脚本を読むと、描写がとても丁寧に書かれていたり、文章がたくさんある脚本。デプレシャンの脚本にはたくさんの登場人物を混ぜて、みんなの力を合わせて共同で作品を作る意識が強くて、自分が女優として役を摑むというのがそんなになくて、みんなで一緒にひとつの作品を手がけるという意識が強い。逆にオゾンは、俳優・女優、ひとりずつ一対一の関係が多かったり。そのあたりが違いですね。

是枝　僕は『クリスマス・ストーリー』が大好きなんですが、デプレシャンは、キャストを集めて動きながら立ち稽古的なことを全員でやるんですか？　撮影の前に。

ドヌーヴ　『ザ・ロイヤル・テネンバウムズ』(76)という作品があるんですけれど、ご存じですか？　その作品の監督はウェス・アンダーソン(77)。その作品も、集団劇で、それぞれの俳優や女優が対等に役を演じている作品で、デプレシャンは私たち全員にその作品を観てほしいと言いました。『クリスマス・ストーリー』を観ても、ウェス・アンダーソンの作品を観ても、どこか残酷なものを感じるところに共通点がある。『クリスマス・ストーリー』の話をすると真っ先に言われるのが、映画で母親が息子に「私はあなたのことを好きじゃないわ」と言うのだけど、そういった台詞は映画では珍しいから、そういった点でも面白い作品だったんじゃないかと思うわ。

是　枝　日本人にとってもフランス人にとってもですが、ドヌーヴさんって女優以上にフランス映画のイコンというか、大きなものを背負ってる気がするんですね。御本人にその意識があるかどうかはわからないけれど（笑）。マリリン・モンロー(78)とかイングリッド・バーグマン(79)とか、女優の枠に留まらないフランス映画のシンボルみたいなイメージが日本では強いし、フランスでもそうじゃないかと思いますけど、そのあたりはご自身はどう思われているのでしょうか。

ドヌーヴ　それは、私がずっと昔から女優として活躍しているからだと思う。別に光栄でもないし、迷惑でもない。たいていの女優はキャリアを積んで年を重ねるにつれて、出演できる作品が減っていく傾向があるんですけれど、私は幸運なことに、オリジナルな作品に参加してほしいという声がかかって、いろんな作品に出演することができたというのもあるのかもしれない。

是枝　この作品もそういう一本になるといいと思います……(笑)。

ドヌーヴ　それは確信しています。監督の作品はよく観ていて、それに参加できることは必ずいい経験になると思っているので。私だけでなく他にもキャストを集めるわけよね。他の出演者は何人か名前が挙がっていますか?

是枝　今はまだ娘役にビノシュを決めていて、まわりをどう広げて固めていくかという段階なので、フィックスはしていません。

ドヌーヴ　たとえば他の俳優、女優の名前は挙げられないんですね。

是枝　今は、挙げられる人がまだいなくて。ビノシュの旦那さんにしようと思っているアメリカの役者はイーサン・ホークを第一候補にしてるんだけれど。

ドヌーヴ　大好きです。彼もすごくシネフィル(80)で。『6才のボクが、大人になるまで。』が大好き。監督は誰でしたっけ。

是枝　リチャード・リンクレイター(81)です。

ドヌーヴ　彼はすごく勇敢だったわ。あんな作品を撮るだなんて。人生そのものに信頼をしていないと、ああやって10年かけて作品を撮ることはできない。主演のパトリシア・アークェット(82)も本当に女優として10年にわたって頻繁に撮影を重ねて、自分が衰える10年間を許可したという点でも、彼女は本当に勇敢だった。

是枝　女優としてご自身をフランス映画史で捉えたときに、誰の遺伝子を色濃く受け継いでいると思いますか？　誰の娘だと思いますか？

ドヌーヴ　ダニエル・ダリュー(83)。

是枝　ダニエル・ダリュー……ああ、わかります。逆にご自身の遺伝子が若手の女優に誰か……、似てる方がいるなと感じるとしたら誰ですか？

ドヌーヴ　イギリスの女優とかアメリカの女優とかオーストラリアの女優が実は好きで、たとえばケイト・ウィンスレット(84)とか。

是枝　どこがですか？

ドヌーヴ　彼女のエネルギーと生命力が好きです。あと、ナオミ・ワッツ(85)は『21グラム』(86)を観てすごく好きになった。

是枝　ジャンヌ・モローというのは、ドヌーヴさんにとってどういう存在ですか？

ドヌーヴ　インディペンデントな作品をもっとも象徴する女優なのではないかと思うわ。彼女が活躍していた時期は、本当に、彼女がもっとも時代を象徴していたんじゃないかと思う。

是枝　ドヌーヴさんには、ヒッチコック(87)と映画を撮る企画があったけど、ヒッチコックが亡くなられて実現しなかったと聞いて、とても残念だし観てみたかったんだけど、ヒッチコックの映画ではどの映画の役が一番好きですか？

ドヌーヴ　ヒッチコックの作品でショーン・コネリー(88)が出ている作品に、私もぜひ出てみたかったです。

ドヌーヴ　（メモ：これは１９６４年公開の『マーニー』(89)）
是枝監督は、言語が理解できないということについて、たとえばフランス語なら、フランス語を音楽みたいに捉えてらっしゃるのかしら？

是　枝　そうですね、リズムとか、響きとか、間とか。

ドヌーヴ　トリュフォーはモニターを見ずに、ただただ音を聞いてシーンをもう一度撮るかを決めていました。私もモニターチェックをすることはないんだけれど、ときどき音を録る技師のところに行って、このシーンの音を聞き直したいんだけどって、要求することがあります。

是　枝　言葉の壁をどう乗り越えるかというのは、今回一番の課題だと思っていますし、自分でも不安がないわけではないんだけれど、今まで韓国の女優さんや台湾のカメラマンと仕事をしていて、言葉は通じないんだけど、撮りたい世界観を共有できていると、「今のシーンは良かったね！」という共通認識を持てる瞬間がたびたびあって、何を目指すかを共有できればいけるんじゃないかと、自分では今期待をしています。

ドヌーヴ　本当に言葉のリズムであったり、メロディというのもあると思うので。

是　枝　どんな演奏をするか、共通認識が持てれば良いなと思っています。

ドヌーヴ　ジュリエットさんもおそらく同じだと思うんですけれど、私も彼女も一緒に何か作品をつくるというよりも、監督に手を引いてもらって、ついていきたいという想いがあるんです。

撮影が始まってから耳にしたのだけれど、フランス映画の脚本には、ここで立ち上がるとか目をふせるとか、かなり細かく役者に対して動作の指示が記されているらしい。僕の脚本にはあまりそのような描写がなくて、現場でまず役者に動いてもらい、（あ、そうか……）と発見をしていく形なので役者の側からすると、僕の脚本だけだとどう演じていいのかわかりにくかったらしい。

ドヌーヴ　孫は何歳くらいの設定なの？

是　枝　さっきお話ししていたように、サンタクロースをギリギリ信じるか信じないかくらいにしたいと思っていて。10歳くらいの子がひとりと、もうちょっと上の子がひとりという設定にしたいと思っています。

ドヌーヴ　フランスだと6、7歳くらいで信じなくなります（笑）。

是　枝　じゃあもうちょっと若くしようかなあ（笑）。書いてないけど、ドヌーヴさんが若い頃に魔法使いの役をやっていたことにしようと思うので。で、孫が来て昔の映画を観たときに、「このおばあちゃん魔法が使える！」って思えるくらいの年齢にしたいのですが（笑）。

ドヌーヴ　ジャック・ドゥミの『ロバと王女』(90)を観て、いまだに「ひよこを出せる?」とよく言われるわよ(笑)。

是　枝　そこはもらってるので(笑)。

ドヌーヴ　孫が14歳で、田舎が大好きで動物も大好きなので、よく2人で田舎に行きます。私は柴犬を飼っていて、豆柴です。一緒に来ればよかった。今車で待機しているの。でも、孫の犬と私の犬が仲が悪くてよく喧嘩するからたいへんなの。

是　枝　犬を飼ってる設定にしようと思うんだけど、大丈夫でしょうか?

ドヌーヴ　大丈夫です。

是　枝　今パリで柴犬はブームなんですか?

ドヌーヴ　私が最初に飼ったときはそんなにいなかった。面白いのが、田舎に行くと広い所をぐるぐる回って活発なのに、アパートに帰るとネコみたいにひたすら寝ているのが面白い。ルッキーニ(91)も私の犬を見てぞっこんになって、自分も今柴犬を飼っているみたいで。

プロデューサー　夫役をドヌーヴさんから推薦するなら?

ドヌーヴ　……難しい(笑)。すぐには浮かばない。『クリスマス・ストーリー』の夫がすごく好きだったんだけど、亡くなってしまったわ。

是　枝　彼は僕も考えました。なじみのレストランのシェフとかにしようと思ったんだけど、亡くなっていたから残念だなって。
ドヌーヴ　8年前に亡くなってしまって。
是　枝　素晴らしい役者でした。
（メモ：この役者は、ジャン＝ポール・ルシヨン（1931〜2009））
ドヌーヴ　彼は映画より舞台が多かったんだけれども。お食事はイタリアンか和食どっちがいいですか？
是　枝　どっちも好きです。
ドヌーヴ　和食は日本でも食べられるからピザでいいですか？
是　枝　いいですよ。
ドヌーヴ　ピザがすごく美味しいし、ピザに限らずサラダとかいろいろあるわよ。

インタビューを終えると、ドヌーヴさんはホテルの向かいの建物に住んでいる娘家族の孫と道端で立ち話をしたあと、僕たちのスタッフに近くのイタリアンを紹介し、車に待たせていた愛犬ジャックと散歩に出かけていった。

インタビューを無事に終えて脱力するとともに、やはり彼女の口からドゥミ、トリュフォーという名前が出てくるのを直に耳にするというのは本当に貴重な経験だなと改めて思った。

大きな山をひとつ越えた。

脚本のアイデアがいくつか思い浮かぶ。

カエルと同じ名の前夫（ジュリエットの父）がいる。

「俺、あの犬よりも（自伝に書かれている）ページが少ない」

と前夫が嘆く。

脚本リライト、たたき。まだ55点くらいか。まあインまでまだ1年ある。ゆっくりじっくり。

プロデューサーのミュリエルから感想が届く。

「カトリーヌとイザベル（のちにマノンに変更）のアドリブの演技のシークエンスが、ジュリエットに対するカトリーヌの『告白』の引き金になっているように思える。あまり深くは描きこまれていないが、本当は非常に重要なシーンでは？」

「ディナーの後のカトリーヌとイーサンのやりとり。英語に変えて話し出すのに違和感。イーサンを無視して、あえてフランス語で話し続けるのではないか」

確かにこれはその通り。言語の理解を超えてイーサンはカトリーヌの悲哀を感じとるのだ。むしろ、言葉はわかってはいけない。

「クライマックスの母娘の和解、許し、真実の美しい瞬間のはずだが、すぐに皮肉な辛辣さでかき消されてしまう」

ここは逆にこれでいいのだ。「感動」や「和解」は母の女優としての残酷さにくつがえされて終わりたい。アイデアを考えていこう。

これでいったんフランス企画は離れ、10月は『万引き家族』の脚本作りに専念する。11月から再びフランス企画に戻ってくる予定。

11／10

レイモンド・カーヴァーの『大聖堂』に代わる劇中劇としてケン・リュウ（92）の『母の記憶に』（93）というSFが良いのではないか、と思いつく。

余命2年と言われた母が娘の成長を見届けるために宇宙へ旅立ち、7年に一度だけ娘の元を訪れるという物語。見た目には娘だけが歳を重ねて老いていく。

すぐに権利関係を確認してもらう。

11／14

全体の構成を考える。

カトリーヌの追い込み方……孤立感が足りないか？
女優として、母として、祖母として、女として……。
そのすべてで逆風になり、ラストの祝祭で反転させる。

「俳優は洗練と闘わなければならない。
しばらくこの仕事をしていれば誰もが洗練されてしまう。
俳優は知識と闘わなければならない。
というのも、一度何かを知ってしまうと、開放的で創造的になるのが難しいからだ」
（『ジョン・カサヴェテス(94)は語る』273ページ）

『旅路の果て』(95)
役者たちの養老院を舞台にした物語。昔、映画好きの母と一緒に観た記憶が蘇る。

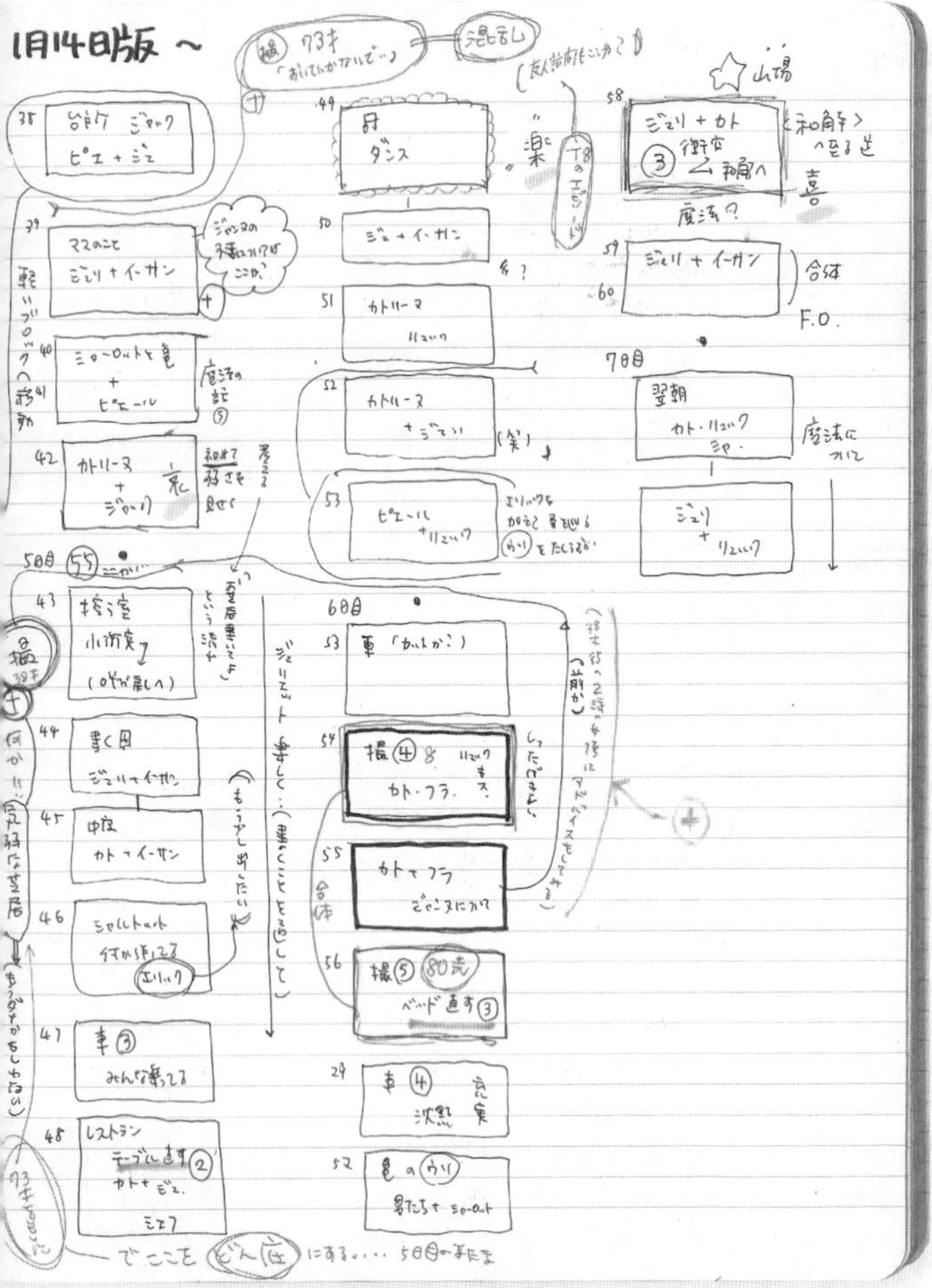

1月14日版～
撮 73才
「おいていかないで…」
混乱
山場
35 台所 ジャック
ピエ＋ジゼ
39 ママのこと
ジェリ＋イーサン
40 シャーロットと亀
＋
ピエール
42 カトリーヌ
＋
ジャック
49 月
ダンス
50 ジゼ＋イーサン
51 カトリーヌ
リュック
52 カトリーヌ
＋ジェリ
53 ピエール
＋リュック
58 ジェリ＋カト
③ 衝突
和解へ
喜
59 ジェリ＋イーサン
60
合体
F.O.
7日目
翌朝
カト・リュック
ジェリ
＋ リュック
魔法にかけて
5日目
6日目
43 控え室
小衝突
44 ジェリ＋イーサン
45 中庭
カト＋イーサン
46 シャルロット
何か作ってる
エリック
47 車③
みんな寝てる
48 レストラン
テーブル直す②
カト＋ピエ.
53 車
54 撮④
カト・フラ.
55 カト＋フラ
合体
56 撮⑤ 80歳
ベッド直す③
24 車④
沈黙
哀
57 亀のウリ
男たち＋シャーロット
でここをどん底にする….

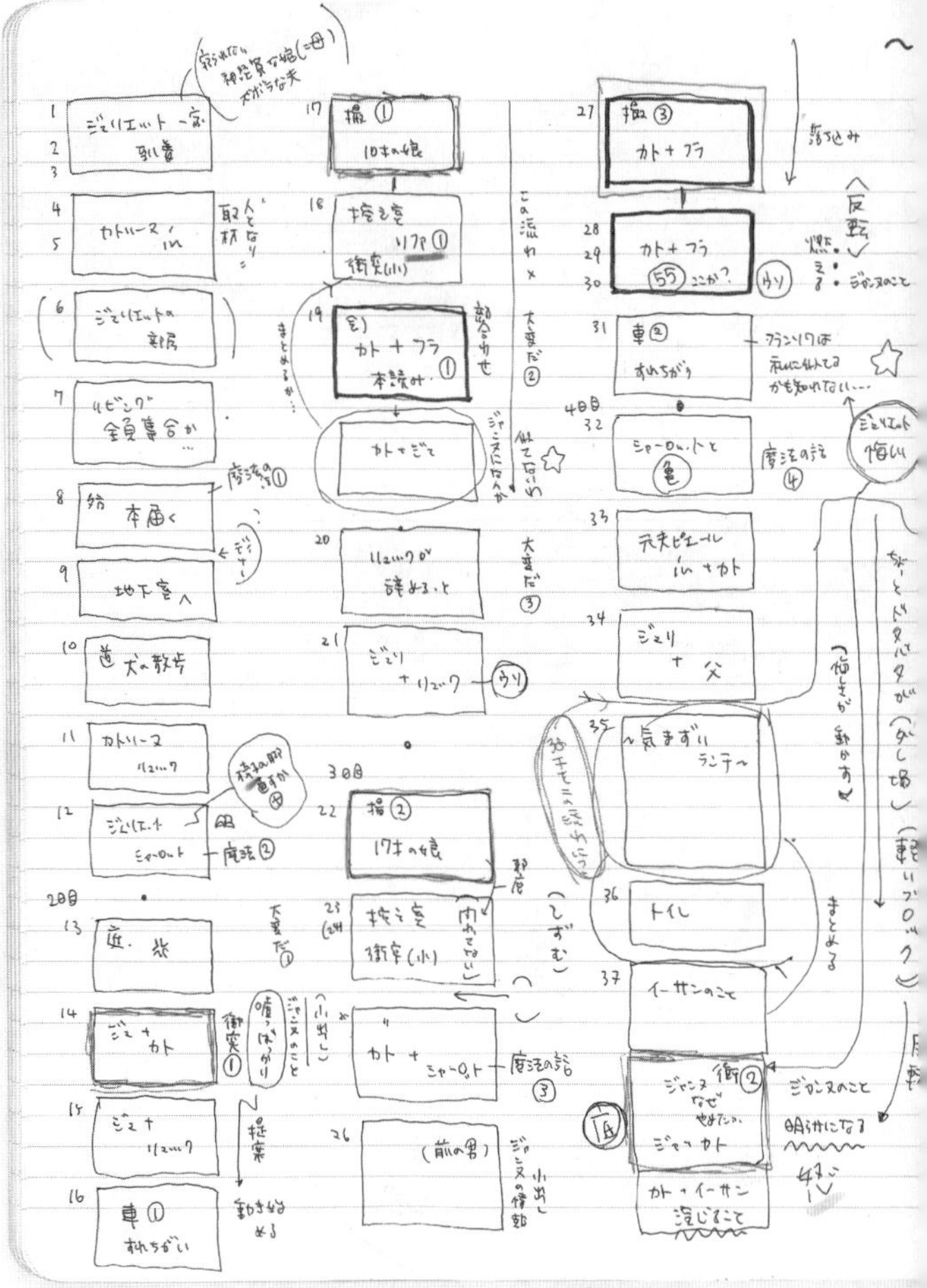
ジュリエット一家
別荘
カトリーヌ in
ジュリエットの部屋
リビング 全員集合か…
本届く
地下室へ
犬の散歩
カトリーヌ リュック
ジュリエット シャーロット
魔法②
散歩
ジュ＋カト
衝突①
ジュ＋リュック
提案
車① すれちがい
動き始める
撮①
10才の娘
検査室
リア①
衝突(小)
カト＋フラ
本読み①
カト＋ジュ
大変だ②
リュックが読める、と
ジュリ＋リュック
ウソ
3日目
撮②
17才の娘
検査室 衝突(小)
カト＋シャーロット
魔法の話③
(前の男)
撮③
カト＋フラ
落ち込み
カト＋フラ
55 ここか？
ウソ
車② すれちがう
4日目
シャーロットと
魔法の話④
元夫ピエール
ジュリ＋父
気まずいランチ
トイレ
イーサンのこと
ジャンヌ なぜ やめたか
ジャン＋カト
カト＋イーサン
ジャンヌのこと
明らかになる

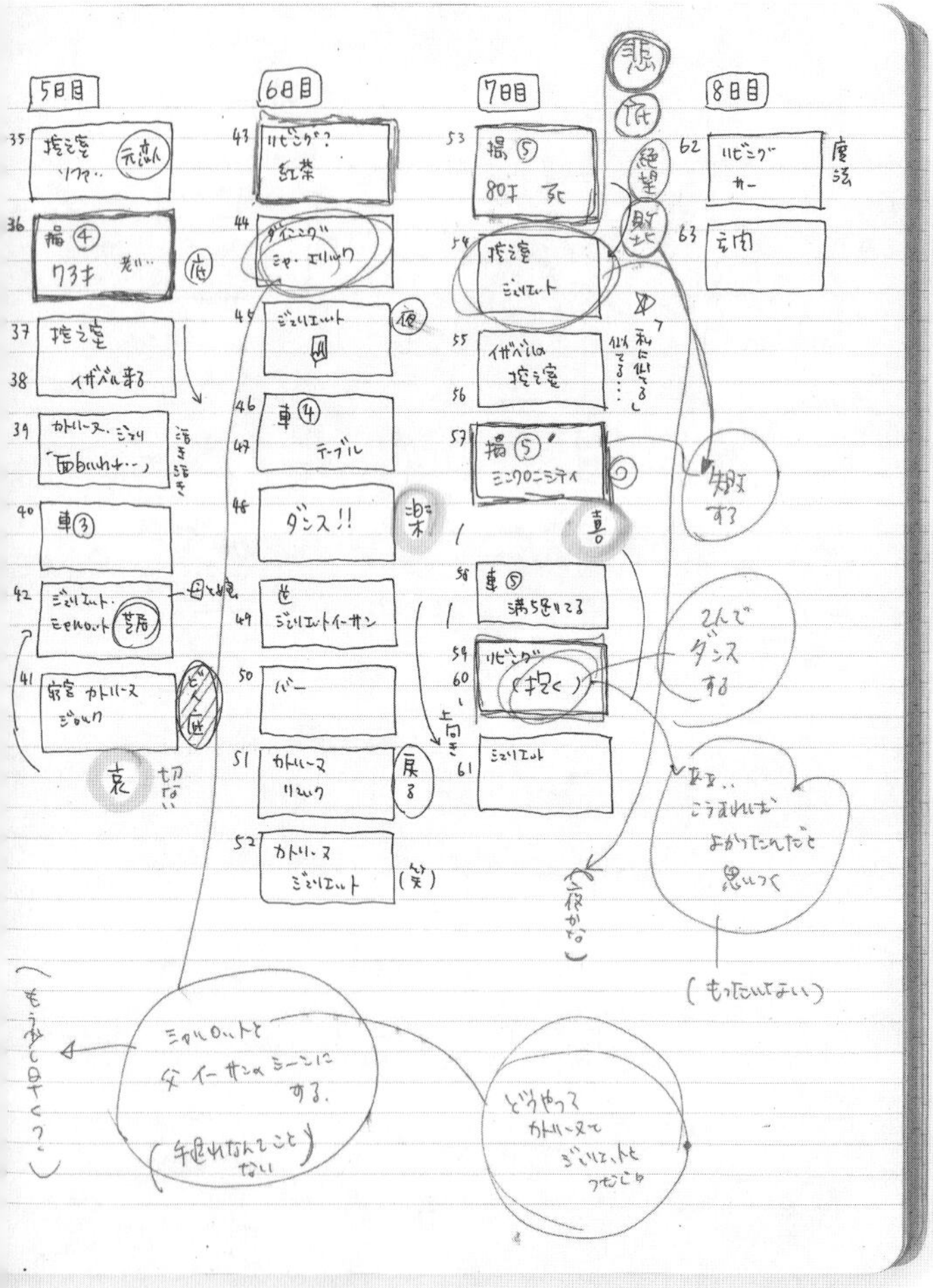

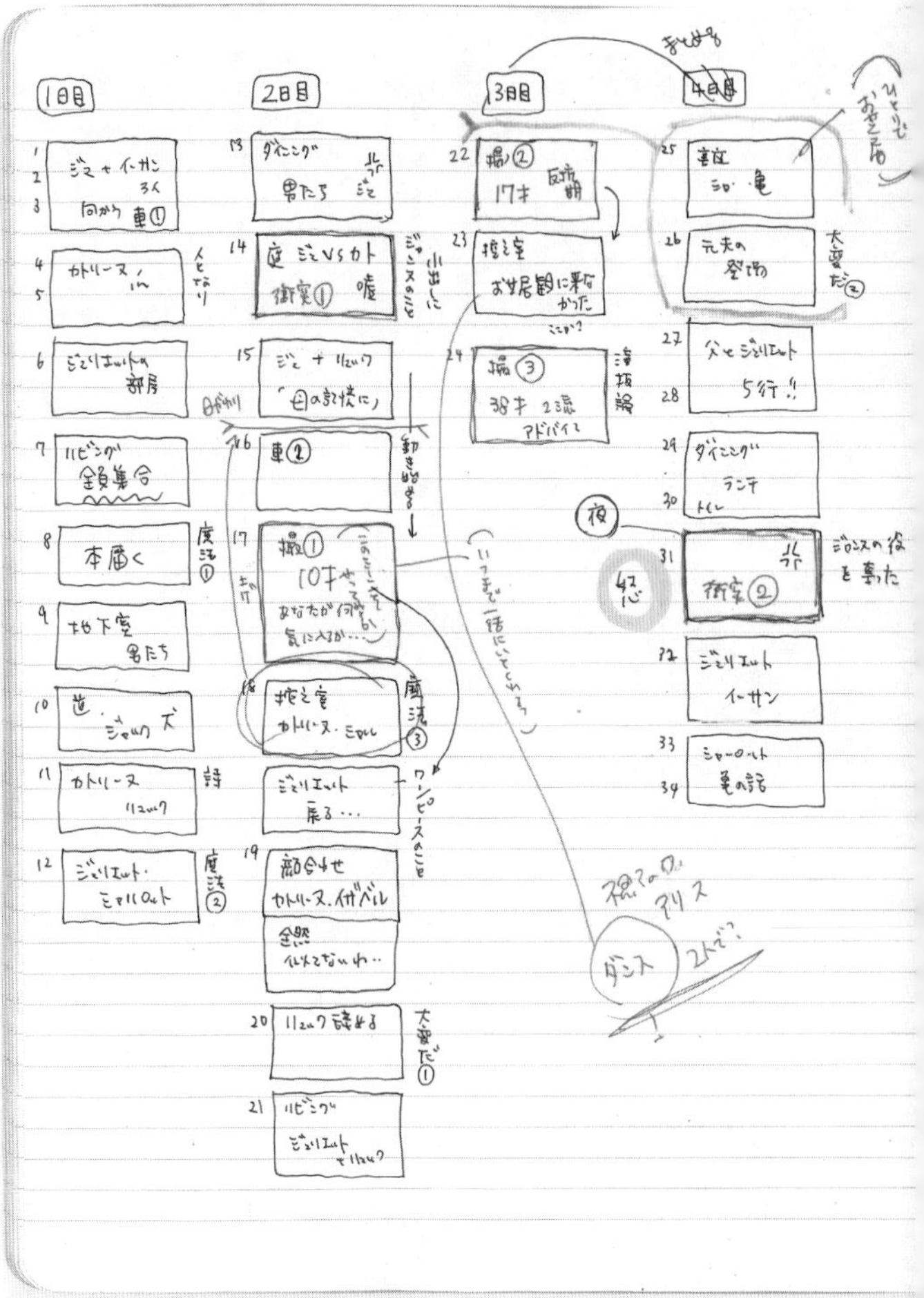
1日目
2日目
3日目
4日目
まとめる
ひとりでお芝居
1 2 3 ジュ＋イーサン 3人 向かう 車①
4 5 カトリーヌ 人となり
6 ジュリエットの部屋
7 リビング 全員集合
8 本届く 彦法①
9 地下室 男たち
10 庭 ジャック 犬
11 カトリーヌ リュック 詩
12 ジュリエット・シャルロット 彦法②
13 ダイニング 男たち 北 ジュ
14 庭 ジュVSカト 衝突① 嘘 ジャニスのこと 小出しに
15 ジュ＋リュック 「母の記憶に」
日付
16 車②
動き始める
17 撮① 10本 あなたが何が気に入るか…
18 控え室 カトリーヌ・ミシェル 彦法③
ジュリエット 戻る…
ワンピースのこと
19 顔合わせ カトリーヌ・イザベル
20 リュック読める 大変だ①
21 リビング ジュリエットとリュック
22 撮② 17本 反抗期
23 控え室 お芝居観に来なかった
24 撮③ 38本 2課 アドバイス
いつまで一緒にいてくれる？
夜
怒
ダンス
アリス
25 裏庭 シロ・亀
26 元夫の登場 大変だ②
27 28 父とジュリエット 5行!!
29 30 ダイニング ランチ トイレ
31 北 衝突② ジャニスの役を奪った
32 ジュリエット イーサン
33 34 シャーロット 亀の話

『ミスター・アーサー』(96)
『オープニング・ナイト』(97)
『サンセット大通り』
『アクトレス』(98)
『甘い抱擁』(99)

11／20

全体再構成。3日目と4日目をひとつにまとめる。母娘の衝突は前半の3日目の夜に。「喜」「怒」「哀」「楽」の感情を配置。

11／29

一応「11月末まで」という約束通り脚本の初稿を完成させる。A4で65枚。シーン数63枚。カトリーヌさんのインタビューを反映。9月にロケハンした「元病院」をイメージして、ワイン倉庫の地下室のシーンなど加筆。ライバルの娘との共演という設定を、血縁はないが「再来」と言われている新進の女優に変更。また、不在の死者をめぐる話だ。死んでもう歳をとらない元友人で(唯一の)ライバルと、歳を重ね、老いと向き合わなくてはならない主人公の対比。これが母と娘の対立に立体的にからんでくる。
ケン・リュウの『母の記憶に』の許可はなんとかなりそうという報告。ホッとする。

２０１８／１／15

初稿に対してミュリエルから細かい感想が届く。とても参考になる。普段の会話とはうって変わってとても理性的だし、建設的。なるほどプロデューサーといってもかなり監督寄りのタイプなのだな、彼女は。
指摘を受けて、カトリーヌにとっての、ジュリエット、イザベル、ジャンヌ（のちにサラに変更）の役割をもう一度考えてみよう。

３／10

『万引き家族』の編集を一区切りさせて、パリへ。
撮影はとても充実していた。きっといい作品になる。

意欲的でスケールの大きい作品。

この映画の演出は、俳優たちへの（仕草や目の動きといった）演技指導と、シンプルでありながらもシークエンスごとに呼応するように構築された対話によるところが大きい。
（懸念事項としては、シナリオの内容に対する出資者たちの反応や、フランス人俳優を日本語で演出する難しさがある）

注意点

英語のセリフは全体の30%以下に抑え、大部分はフランス語にすること。一般的な観客のためになるべく字幕を避けること。

1. 脚本（の良い点）と主題について

脚本の作劇は、「カトリーヌとジュリエット」「イザベルとカトリーヌ」「ジュリエットとシャルロット」「カトリーヌとシャルロット」といった複数の女性カップルが互いを自らの鏡像とすることにより構築されていると感じた。鏡像関係のような構図は、シークエンスからシークエンスへと観客を自然に移行させる役割を果たし、最後の結末（カトリーヌとジュリエットの関係の和解）に至るまで、情緒的で笑える（と言うよりユーモアのある）場面や、過去の思い出とノスタルジーを交えた場面とともに、作劇を展開、進めさせる役割も果たしている。

この鏡像関係の構図は、なによりもまず嘘と欺瞞がベースにある。嘘をついているのは誰か？誰しもが自分自身の役を演じる女優であるのか？

これは嘘と老いについての映画。そして、周りに対して自分をどんな風に見せるかについての映画。自分がなりたいと選んだ人物像に実際になれるのか？私たちは親との関係性によって作り上げられたものなのか？

中心人物はカトリーヌだが、それ以外の女性登場人物（ジュリエット、ジャンヌ、イザベル、シャルロット）も、デフォルメ度合いの差はあれど、ある意味カトリーヌの人物像のひとつであると言える。

カトリーヌの娘であるジュリエットは、母の才能に押しつぶされ、宙ぶらりんな人生を送ってしまった女性。

カトリーヌの親友でありライバルのジャンヌは、若くしてこの世を去ったことにより伝説として生き続けている。

ジャンヌの「コピー」とも言えるイザベルは、カトリーヌにとって危険な存在（ネガティブな鏡）。

カトリーヌの真の子孫（女優的なDNAを受け継ぐ真の子孫）であるシャルロット。

これらすべての女性登場人物たちは、嫉妬や対抗心、敬愛といった、それぞれに異なるカトリーヌとの関係性を通して、カトリーヌを前進させ、観客に向けて少しずつカトリーヌのことを明らかにしてくれる。

ミュリエルからの感想。

男性の登場人物たちはみんな衛星的（女性を主としてその周辺に従属するよう）な役回りに見える。存在感がない男、人生に失敗した男、相手の価値を高める男、都合よく役に立つ男など。

この感じは、50年代のアメリカ映画『何がジェーンに起こったか？』のような悲喜劇（もちろん『真実のカトリーヌ』は悲劇的要素がより少ないが）を想起させる。

2. 会話・セリフについて

多くのセリフにユーモアがある。カトリーヌ・ドヌーブがいかにも言いそうなセリフ（そのセリフを口にしている様子が容易に想像できる）で、笑える。それに比べると、ジュリエットのセリフに関しては少しイメージしづらいかもしれない（彼女の人物像とはちょっと異なるトーンのように思えた。詳しくは「人物像について」を参照）。

全体的に、セリフ・会話をもっと練る必要があるように感じられ、（少なくともフランス語バージョンに関しては）あまり熟考されていないようなセリフもいくつか見受けられた。劇中劇のセリフについては特にそういう印象を受けた。時々、繰り返されるセリフもあった（言い回しが似ていたり、同じことを別のシーンで言っていたりなど）。

3. 人物像について

カトリーヌ

皮肉屋なのに魅惑的、感情的なのに冷淡、不誠実なのに神話的・・・まさに女王様。時折、哀れで痛ましい感じや意地の悪さを匂わせるセリフがいくつかあり、この点は見直す必要があるかもしれない。

もう少し掘り下げて言うならば、カトリーヌは最初、（“わがままな年寄りの大女優”という役割を演じることに凝り固まり過ぎているために）感じが悪い。そのせいで観客が距離を感じてしまい、彼女に対してあまり良い印象を抱かなくなってしまう。

シナリオの3/4あたりまで待ってようやく、カトリーヌの感情が動く瞬間が訪れる。それよりも以前に彼女の「弱身を見せる」必要がある。

ジュリエット

ジュリエットとは何者か？売れない脚本家？身だしなみや服装に気を使わないタイプの女性？自分として生きづらさを感じているのか？母親に常に押しつぶされていたのか？ジャンヌはジュリエットにとって救助の浮き輪のような存在だったのか？これらの点が現在の脚本ではまだはっきりと分からない。彼女のセリフ回しから、ジュリエットは母親のコピーのような存在でしかない印象を与えてしまいかねない。

ジャンヌ

ジャンヌとは何者か？カトリーヌとは全く違うタイプの女優だったのか？カトリーヌの親友、それともライバルだったのか？エキセントリックで狂気じみていたのか、それとも純粋で無邪気（イノセント）だったのか？

イザベル

ジャンヌと見た目がそっくりだが、内面は似ていない（精神面がそっくりという人は存在しない）。無邪気なフリをして実はカトリーヌを手のひらで転がしている・・・というぐらい、カトリーヌよりも強く、“うわて”であるキャラクターであるべき。（個人的な意見だが、イザベル役にはジャンヌ・モローのイメージは全くなく、フランス映画界の伝説的女優であるロミー・シュナイダーを思い浮かべた）

シャルロット

図らずも自然とこのストーリーの主軸になっている。彼女こそカトリーヌが自身の魂を受け渡す人物であり、したがって映画の中で大変重要な役割を担っている。シャルロットはすべてを許容し、若さを象徴する存在。そして、カトリーヌの（道徳的な意味での）真の相続者、DNAを受け継ぐものである。

男性登場人物

イーサン

たいした才能のない弱々しい男で、軽蔑されている人物像に見える。ただし、ジュリエットとベッドを共にしないことが明らかになるシーンは興味深く好奇心をくすぐる。

エリック

ストーリーの中で居場所がなく、影の薄い息子。特に何もしなければ、何かを伝えることもしない。母と娘の破壊的で容赦ない関係性から自分を守ることに徹している。

リュック（マネージャー）

重要人物。最終的にこの映画の中で一番良いところを持って行く。カトリーヌに対して内気な恋人のようでもあり、一心に崇拝する騎士のようでもある。いくつかのシーンでは、マネージャーというよりもコンサルタントや忠実な友人という風に思わせる。

4. シナリオの弱点

- 人物の心理描写（心の動き）がはっきりと分かりすぎる時がある。
- 二人の人物間の鏡像関係（嘘）の構造をさらに強化し、もう少し練る必要がある。
- いくつかのシーンはひとつの会話や目的を果たすためだけに存在しているように思われる。（例：レストランでの家族の会食シーンはあまり重要なことをもたらさないし、シェフと息子のセリフも老いについて語る繰り返しの会話でしかないように感じる）
- 劇中劇や撮影のシーンが、ストーリーの中にまだしっかりと組み込まれていない。

3／11

9時。ビノシュさんとイーサン（候補）の娘役のオーディション。

クレモンティーヌが印象に残る。

自信家。鼻の形が横から見るとイーサン・ホークにちょっと似ている。

午後はカトリーヌ演じるファビエンヌのかつてのライバル、ジャンヌの再来と言われる新進女優役のオーディション。

3／13～14

家のロケハン
エルブヴィル・ORGEVAL
SAINT-LÉGER-EN-YVELINES

クレモンティーヌ

フランスの配給会社ル・パクトのジャンさんとワールドセールスのワイルドバンチのバンサンさん。

一目ぼれしたお屋敷。

3/14

フランスの配給会社ル・パクトのジャンさんとワールドセールスのワイルドバンチ(100)のバンサンさんと食事。

バンサンとの最初の作品は『ディスタンス』(101)。その後いったん離れたけれど『奇跡』(102)からはずっとタッグを組んでいる。ジャンとも同様に『奇跡』以降はずっとフランスで配給をおまかせしている。信頼できるパートナーをどう見つけ、パートナーシップを長く築いていくのかは、国内外を問わず監督にとってはもっとも重要な取り組みだと考えている。今回も2人は早くからこのフランス企画に興味を持ち、製作チームに加わってくれた。

まぁ、普段こうしてお会いする時、バンサンはたいてい酔っ払っているし、ジャンさんはどこでも一番大きな声で笑っている。

脚本を読んだバンサンの感想は、

「弁護士を用意しておいたほうがいいよ」

だった。

なかば冗談ではあるが、ここに記されているエピソードがカトリーヌ自身の人生とかなり重なっているから訴えられた時のために——ということだった。

3／15

15時半からドヌーヴさんと2度目のミーティング。今日はたくさんの犬を連れてホテルに登場。脚本の第一稿は読んでくれたようである。

「家はパリじゃないと困るわね」

が第一声。

イーサン・ホークのキャスティングがなかなか進まず暗礁に乗り上げている旨、伝える。

「ぴったりだと思ってたんだけどなぁ……ヴィゴ・モーテンセン(103)も面白いと思うけど……」

と残念そう。

そう話しながら、傍らでメモをとっていたプロデューサーの福間の手元を覗き込み

「あなた字小さいわね……」

とペンを手にとって

「なにこれどこの？　ＭＵＪＩ(104)？　何ミリ？」

と、お喋りがどんどん別の方向へ転がっていき、戻ってこない。


「一緒に暮らしてる男は若いほうが、希望があっていいわ」

「なぜ、ジュリエットの兄はカットしたの？」

当初、実家には母と同居してあまり働かないダメンズの兄をひとり登場させていたのだけれど、ダメンズが多いのでひとりカットしたと説明。


カメラマンの候補として『クリスマス・ストーリー』のエリック・ゴーティエ(105)を考えていると話すと、

「あのカメラマンは人としても素晴らしいわ。デプレシャンがアメリカで撮った映画も撮影はゴーティエさんだったかしら」

「私の役の描写は、どこか50年代の女優の匂いがする。たとえばジャンヌ・モロー」

「現代の映画業界には、いない。これはたとえば『サンセット大通り』のような時代よ」

「もう少し現代性、現実味が欲しい」

「エモーションがアメリカっぽすぎるかもしれないわ」

「イーサンとシャルロットの関係はとても良いわ」

「プロデューサーと寝て役を奪ったというエピソードも面白い」

「あなた『シェイプ・オブ・ウォーター』(106)観た？　音楽がとても良かった」

「でもアメリカのテレビシリーズに出ている役者をこんなふうに笑い者にしたりしないんじゃないかしら」

「ビノシュの新作観た？　彼女のお芝居は素晴らしいのに衣裳が良くないのよ」

「出てくる男たちがちょっとかわいそうすぎないかしら」

　と言って笑う。


　まぁ、話題とともにめまぐるしく変化していく表情や言葉がとてもチャーミングであると同時に、同じところに留まっているのは耐えられないというように常に動き回っている印象。

（バンサンの危惧した点。僕も実はちょっと心配したんだけれど、ドヌーヴさんは「私とは全然違うわ」と話していて安心した）

3／17

　カメラマンのエリック・ゴーティエと顔合わせ。

今回の撮影をお願いできることになる。

昨年はジャ・ジャンクー(107)の新作映画のために6カ月中国に行っていたそうで、「毎朝、台本らしきメモが配られるだけでいったいどんなふうに物語が進んでいくのか誰にもわからないようなスリリングな旅だった」と。

ウォルター・サレス(108)と『モーターサイクル・ダイアリーズ』(109)も撮っているし、こういう国際共同製作には柔軟に対応してくれそうだ。


イザベル役のオーディション。

マノン・クラヴェルさん(110)に決定。スタッフ満場一致だった。

個人的な決め手はなんと言っても声。魅力的なハスキーボイス。病室で、老いた娘の手を引いて窓辺に並んで立ち、中庭に咲く花を眺めるというお芝居をしてもらう。彼女が動くと会議室が病室に、壁が窓に一瞬にして変わって見えた。役名をイザベルから本名のマノンに変更する。

3／19

パリは夜になって雪がちらつく。

ビノシュさんの自宅で打ち合わせ。

ホテルのロビーに愛犬2匹と登場したドヌーヴ。

エリック・ゴーティエさんと。

マノン・クラヴェル。
コンセルバトワールで演劇をやっている。

ゆったりとした時間の中で「演じること」について話を聞く。

「(私は)テイクを重ねることは大切。そうすることでどれがBestか自分でわかる」

「キェシロフスキは一回主義。リハは何度もやるが本番は一回だけ。侯さん(111)もそうだった」

「役者は新たに命を作り出す仕事。そこが素人とは違う」

「今は演じていることが見えてしまってもかまわない時代」

自分にとって重要な3人の監督は……

「アンドレ・テシネ」

「アンソニー・ミンゲラ」(112)

「ジョン・ブアマン」(113)

「テシネは、自分のことを信じてくれた」

「キェシロフスキは作品と違って現場はとても明るい」

「ピカソが〝習ったことを忘れること。そうすることで自由を取り戻す〟と言っている。自由は取り戻すものだ」

なるほど。そこにあらかじめあるものは「自由」ではない、ということか。

高校の演劇部で「演じることをやめろ」と言われ続けた。

「『する』のをやめて『なる』」

「勉強することを怖がって、そのままの自分で立ち会おうとする人が多いが、その怖いところに行って、いったん型に入ってみることが大切。リスクをとらないとずっとプールサイドに座っているだけになる」

今日のビノシュさんとの演技にまつわる話はとても深く、多くの示唆を与えられた。

夜。近くのイタリアンに移動して食事。ビノシュさんがインスタグラムに載せるからと記念写真。

室内が暗くて顔が写らないので2人で照明の角度を変える。しかし、なぜこちらのレストランはこんなにどこも暗いんだろうか。料理も、向き合った相手の顔もよく見えない。

3／20

19日は『三度目の殺人』のパリプレミアに立ち会い。

20日は終日取材を受ける。これでいったん日本に戻り、『万引き家族』の仕上げに集中。

5／18

カンヌ映画祭を中抜けしてパリへ移動。スタッフミーティング。撮影は8週間。10月10日クランクイン予定。土・日休みで2カ月。「フィルムで撮りたい」と伝える。ミュリエルの顔が曇る。イーサン・ホークの出演OKがもらえるとしても10月中旬らしいという情報。助監督のニコラさんに会う。とても穏やかそう。トラン・アン・ユン(114)監督作品にデビュー作の『青いパパイヤの香り』(115)以降すべて参加しているらしい。トランの現場はたいへんだと聞いているので、それを経験しているのであれば大丈夫じゃないかと勝手に安堵する。

後日、トランからメールが届く。「ニコラが新作に参加すると聞いたけど、とても素晴らしい人だから、安心して現場をまかせられるよ。幸運を祈ってます」と。

スタッフと脚本をめぐっての意見交換。

「シャルロットが両親と同じベッドで寝る設定になっているが、この子は何か精神的なトラブルを抱えているのか？」

いや、日本だとこのくらいの年齢だとまだ母親と一緒に寝てるケースが多いんで……。

「フランスでは6歳はもう確実に別室で、ひとりで寝ている」

なるほど。川の字が幸せな家族の象徴ではない、ということか。

ファビエンヌの仕事のスケジュール管理をしているリュックは、あの家では寝室は無い。

主人公が寝ている寝室を玄関のある1階に設定するか、階段を上った2階に設定するほうが自然かは、スタッフの間でも意見が分かれる。

みな自分の意見を言う時に「私は……」ではなく「フランス人は……」と語り出す。なんだろう、この、私を全体に拡張して語る傾向は。誤解するのでやめて欲しい。

撮影所の候補は3つ。

エピネ

ブリ

リュック・ベッソン(116)が建てた超現代的なスタジオ

この3つを下見して決めましょう。

6／21

『万引き家族』公開キャンペーンも一段落して横浜のフランス映画祭へ。

控え室でフランソワ・オゾン監督と再会。

近作の『婚約者の友人』(117)で、「ラ・マルセイエーズ」(118)を歌うシーンが素晴らしかったと感想を伝える。ナショナリズムの高揚感をシニカルに見つめる監督の目。

そもそも、5年前にやはりフランス映画祭で来日したオゾン監督に「あなたのファンはフランスに本当にたくさんいる。きっとフランスで映画を撮っても成功するよ」とおだてられて木に登ったこともあり、「念願かなって」と秋にパリでクランクインすることを報告。

「ドヌーヴはああ見えて、とても作品のために尽くすタイプの女優だから、何の心配もいらない」

と、僕が抱きかけていた不安を見透かすように励ましてくれた。

6／25

22、23日と松岡茉優さん(119)と城桧吏《かいり》くん(120)と上海映画祭に参加したあと、パリへ。機内で、オーディションで会う役者たちの出演しているDVDを観る。トリュフォーの『隣の女』(121)。出版社の男の役のロジェ・ヴァン・オールは元夫のピエール候補。シャブロル(122)の『最後の賭け』(123)でカモにされる男でトランペットを吹くのがgood、ジャッキー・ベロワイエ(124)。こちらはレストランの主かなぁ。

ホテル暮らしではあるが基本ここから6カ月は拠点をパリに移して撮影準備を本格化させる。クランクインまで100日ちょっと。カウントダウンが始まる。26日シャルロット役オーディション。

クレモンティーヌは得意のフルートを演奏してくれたがとても下手で、それがまた可愛かった。決定。ただ、当初設定にあったような、いじめられて不登校になるような子じゃないなという印象。そこは変えよう。

26日、アラン・リボルさん、リュックに決定。出演したロメール(125)の『恋の秋』(126)の話など聞く。

6／28

昨日CNC《セーエヌセー》(127)の助成金審査へ向けての予行演習を行い本番に臨む。CNCには年4回申請のタイミングがあるそうで、そこに監督が自ら赴き、この映画の趣旨とか、なぜフランスで撮りたいのか、どう撮りたいのか？ を自らの言葉でプレゼンテーションするという仕組みがある。審査するのは行政の役人とかではなく、映画のプロデューサーや監督、出版の人たちなどらしい。

日本の助成システムにはこのようなプロセスは全く無いが、やはりお互い顔は見えたほうがいいし、通るにせよ、落ちるにせよ、理由も知りたいものだ。

この日パリにやってきてくれたイーサン・ホークと打ち合わせ。ようやく実現するんだなと、本当に嬉しい気持ち。ただ、空港にスタッフが迎えにいってなかったとかで、イーサンは自力でホテルまでやってきた。なんだか申し訳ない。シャワーを浴びて、とにかく一休みしてもらう。

プロデューサーのミュリエルの3B（128）（トワベー）のオフィスの近くのイタリアンでピザを食べながらイーサンと雑談。

「『いまを生きる』（129）の雪のシーンは、元々バスルームの設定だったが雪が降ってシチュエーションが直前に変わった」

「最初は自分は自殺する青年の役だった。監督がオーディションで僕を見て役を変えてくれた」

「『パリ、テキサス』（130）の子どもの役者は素晴らしかったね」

イーサンが着ているシャツの背中にはテキサス州の旗がデザインされている。

「娘がクリスマスにプレゼントしてくれたんだ」と嬉しそう。

ドヌーヴに、イーサンが決まったと伝えたらとても喜んでいたと話したら、「娘に自慢したい。女優になりたいって言ってるから」と。

「フランス映画はジャック・ドゥミがフェイバリットかな。

ちょうど飛行機の中で『ロシュフォールの恋人たち』をやっていたから観ながら来

た」

「『ローラ』を観たのは19歳の時だったかな。最初に観たフランス映画だったと思う」

食事の後、目の前に座っていたプロデューサーの福間に

「八重歯がとってもチャーミングだね」とウィンクして投げキッス。福間さんは照れながらも嬉しそうでした。

「今はみんな歯並び直しちゃうから。娘も矯正してて……」

とちょっと残念そう。

「僕もエージェントに歯を直せって言われるんだけど、ずっと断ってるんだ」

カトリーヌの夫ジャック役のキャスティングについてキャスティングディレクターのクリスと打ち合わせ。「ベルギー出身の役者だと、ベルギー政府から助成金が出るのでなるべくそうしてほしいとミュリエルには言われているけど、それには縛られずに呼びますから」とクリス。

6／29

プロデューサーのマチルドが紹介してくれたゆでギョウザの美味しい店でランチ。このギョウザはピカイチだった。ゆでは1週間で1日だけ。翌日からは焼きになるらしい。

食後、パリの街をイーサンとスタッフと歩く。

ノートルダム寺院の脇を通って、サン・ルイ島へ。

ここでパリで一番美味しいと評判のジェラートを食べ歩き。イーサンと記念写真を撮る。


14時半、トワベーへ。

イーサンとクレモンティーヌ、顔合わせ。

イーサンはスタッフルームにあったギターを持ち出し、クレモンティーヌと即興で演奏。イーサンは本当に子どもとの接し方が上手。

その後お買い物ゲーム。

パパ（イーサン）と、買い物をしてきてください、と。

買ってくるのは
○赤くて丸いもの
○青くて四角いもの
予算は20ユーロ。クレモンティーヌは喜々として出かけていく。

とても楽しい時間を過ごす。

19時、マノンがコンセルバトワールの学生たちと一緒に出演するお芝居を観にいく。お母さんも観劇に来ていたのでごあいさつ。

言葉がわからないので、逆に身体の使い方とか声の響き方は、はっきりと捉えることができる。

6／30

ブローニュの森近くの遊園地にビノシュさん、イーサン、クレモンティーヌ集合。今日は1日ここで遊ぶ。

クレモンティーヌ、日焼け止めをビノシュさんに塗ってもらう。3人でボートに乗り、クレモンティーヌはトランポリン。3人で射的。

銃を構えるイーサンの立ち姿がやはり人目をひく。もうそれだけで映画のワンシーン。みんなでお昼。スタッフルームで軽い打ち上げをする時にスタッフが買って来てくれていた肉屋の生ハムがあまりに美味しかったので、この日また、お願いをする。ピクニックシートを広げて、皿を並べる。クランクイン前にこういう時間がとれて良かった。

やはりこの国のハムとチーズの美味しさは、日本とは比べようがない。逆に言うとハムとチーズ以外は、こんなことを言ったら怒られそうだが本当に美味しくない。

日常的に彼らが食している肉や魚、そして野菜の料理法や味付けに比べ、繊細さは日

本のほうが圧倒的に豊か。あとはなんと言っても今、日本食ブームなのに街中のSUSHI屋で出されているのは基本サーモンと巻き寿司。みなありがたがって食べているが、これを寿司だと思われたくない。さらに今、ラーメンブームが訪れていて、いろいろな店が進出しているのだが、5軒ほど回ったが、やはりどうも美味しくない。しかも、2千円。これをラーメンだと思われたくない。来日した監督助手のマチュー君が、「俺流塩らーめん」にはまって毎日のように食べていて「この店がパリにあったら本当に毎日通いますよ」と話していた。僕も、そうするかもしれないと正直思った。

17時、コスチュームデザインのパスカリーヌ・シャヴァンヌさん顔合わせ。脚本を読んだうえで思いついた衣裳や色のイメージを話してくれる。とても明快なビジョンがあった。

夜、ホテルで『リアリティ・バイツ』(131)を観る。久しぶりに。イーサン・ホーク目当てで観たのだが、ウィノナ・ライダー(132)が抜群に可愛い。90年代の日本のトレンディドラマやそれに出演していた女優さんたちは、みなこのウィノナを真似したんだろうなぁ。

7／2〜3

ロケハン。やはりファビエンヌの家はモンパルナス近くのサン・ジャック通り(133)にある家がもっともイメージに近い。

7／4

17時、サニエさん(134)とミーティング。

サニエさんは僕のことを「これちゃん」と親しみを込めて呼んでくれる。

フランス映画祭で来日した時にごあいさつをしてそれ以降、僕の新作のパリプレミアの時はいつも上映に駆けつけてくれていて、とても感謝している。

今回も『三度目の殺人』の上映に来てくれたところをつかまえて直談判して、出演を快諾してもらった。

(あとでクリスに怒られたけど)。

7／6

ジャック役のオーディション。

19時から『映画秘宝』の町山さん(135)と『万引き家族』についてスカイプ対談。『ビフォア・ミッドナイト』の車中シーン。後部座席で寝ていた子どもと交わすイーサンのやりとりについて質問されたが、まさにそのお芝居については先日、ランチをしながら聞いていたので詳しく答えられた。

夜、ダルデンヌ兄弟(136)の『少年と自転車』(137)と『午後8時の訪問者』(138)を観る。『午後8時…』日本語のタイトルが良くないなあ。ダルデンヌらしくない。『訪問者』だけでは駄目だったのか。

7/7

11時半、ベッソンスタジオ見学。ゴージャス。

16時半、録音のジャン＝ピエール・デュレさん(139)と打ち合わせ。

ダルデンヌ兄弟の映画の録音技師さん。

190センチ以上ありそうな長身。目がとても優しい。穏やか。現場はだいたい2人で回していると。彼が現場にいてくれたらみんなきっと安心出来る。そんな人だ。

夜。一目惚れしたファビエンヌの家にひとりで宿泊。夜の電車の音。朝の小鳥のさえずりを記憶する。

ひとりで脚本を手にしながら家の中を移動して、台詞をしゃべってみる。そうすると、言葉がどのくらいこの空間に広さ的に距離感的にマッチしているのかいないのかがわかる。誰かに見られたら気持ち悪がられるかもしれないが、これは大切なプロセス。

夜。『エル・クラン』(140)というアルゼンチン映画を観る。

ツイッターで『万引き家族』の元ネタだか、パクっただかと批判されていたので念のため。犯罪(この映画の場合金持ちの誘拐)を家族ぐるみでする、という点以外は何一つ共通点がないのだが、どこをどう比べると「元ネタ」という言葉が出てくるのか……。『万引き家族』のラストシーンについても……。

ネット上で「シネフィル」という名前のついた番組で、ラストでゆりはベランダから飛び降りた。それは祥太がミカンを持って飛び降りた行為の反復だと解説されていたが、たしかに「誰か」の名前を呼ぼうと息を吸い込むために身体を反りはするが、あの棚の高さで飛び降りられるわけもなく、しかも誰かを見つけた気づきの視線は明快に捉えられているのだけど。

まあ昔『ワンダフルライフ』をめぐって、ある学者が記憶についてのその著書の中で、主人公がかつての恋人との時間(記憶)を選んで天国に召されたという明らかな誤読

（というか最後まで観てないんじゃないかと思ったけど）を前提に映画を批判されていて、さすがにこれはひどいなと思って、出版社に手紙を書いたんだけど、なんの音沙汰も無かった。それに比べたら、この程度の誤読は可愛いもんか。

7／8

宿泊2日目。

トリュフォーの『アメリカの夜』(141)。

ふられて、女を買いにいこうとするレオをトリュフォーがなだめる。

「僕や君みたいな人間には幸せは仕事（映画）の中にしかないんだ」

これはやはりルノワールの『黄金の馬車』のラストで、「舞台にしかお前の幸せはないのだ」と言われ「寂しいか」と問われたアンナ・マニャーニが、「少し」と呟く言葉と呼応しているのだろうか。

『華氏451』(142)を観て、その撮影日誌『ある映画の物語』(143)を読み直す。ほとんど役者とスタッフの悪口ばかりで笑ってしまう。この映画はきっと失敗するとまで監督本人が予言している。

ただ、いくつか演じることについて面白い記述がある。

「手袋と同じ。手袋は10人中9人の女性に似合うように、演じることは女性の天分だ。男で手袋の似合うのは10人に1人」(81ページ)

7／10

時間をかけた脚本打ち合わせ。
明日からリライトに入るが……初日はちょっと息を抜いて……。
吐いて……貯めている。
溜めている、か……。
で、ひたひたと浸して……湛えるのを待つ、と。

7／11

『欲望という名の電車』(144)
脚本を書かないといけないのに逃避。
リー・ストラスバーグ(145)は「感情の記憶」。
ステラ・アドラー(146)は「状況を想像しろ」。

演技の基本に何を置くか？　いろいろな考え方があって面白い。
シャブロルの『肉屋』(147)
やはり何度観ても素晴らしかった。

7／13

ホテルの1階のレストランで11時から音楽をお願いするアイギさんと打ち合わせ。12時から美術のリトンさんと打ち合わせをしてリトンさんおすすめのピザ屋へ。店の外までお客があふれている。ピザを焼いているのはまだ30そこそこのアルバイトの兄ちゃんみたいなのに、何だろう、この美味しさは。パリで食べた中で一番美味しいピザだった。聞くとチーズはイタリアから直接輸入しているとのこと。

夜、脚本リライトスタート。主人公の役名をファビエンヌに決定。ドヌーヴさんが自身のミドルネームをと提案。ビノシュさんは役名を母（ドヌーヴ）につけてほしいという要望で「リュミール」に決定。イーサンの役をハンクにする。

ハンクは頭の中で動き出した。

あとはリュミールかな……。

7／16

ロケハン。

娘家族が降り立つのはオルリー空港に決定。

昼。今日もリトンのおすすめでモンパルナスにあるクレープ屋、プルガステル（148）へ。

デザートとして食べたソルトバターとシュガーのシンプルな組み合わせに自家製ホイップのせが、これまたパリというより人生で最高に美味しかった。

リトンの味についてのセンスをまず、美術より先に信用する（ゴメンナサイ）。

サッカーワールドカップはフランスの優勝。ホテルの部屋にいても街の歓声が地響きのように聞こえてくる。夜は町へ出ないほうがいいよ、と言われ、逆に様子を見に近くのスーパーへ。上半身裸の男たちがみなウィスキーやらビールを手にレジに並んでいた。路上に停まっている車の屋根に登っている人たちもいる。こういう「祭り」を、内側で楽しんだことが一度も無いので……いつも観察してしまうのだが……それはそれで楽しい。

7／19

20時サニエさんと夕食。

LA TABLE d'AKI。

日本人シェフのやってる人気フレンチ。

いやぁ全メニュー魚のコースなのだが、繊細でまったく飽きることなく、素晴らしかった。

7／20

ファビエンヌの今の夫役、クリスチャン・クラエさん（149）に決定。熊さんみたい。愛嬌のある顔と体型。

キャスティングのクリスとプロデューサーのミュリエルが常に対立する。ミュリエルはこの役をベルギー出身者にして、なんとかベルギーから助成金をもらいたい。クリスはそんなこと関係なく良い役者を呼んで監督に会わせたい。まあどちらの意見もわかるけど、監督としてどちらに寄り添うかは言葉にするまでもない。今回は結果的にベルギー出身の役者に決まったので対立がこれ以上深まることはなかったが……。途中でミュリエルから、クリスが信用できないのでクリスに内緒で別のキャスティング担当を入れてオーディションしたいと提案され、「それは彼女の信頼を裏切ることになるのでしたくない」と断ったのだけれど……。こういうことはやめてほしい。

7／21

オーディションや様々な打ち合わせと並行して自分のホテルの下見。ロケ場所に近いモンパルナスのホテルエグロン。

昔、ここはルイス・ブニュエル監督の定宿だったとエリックから聞いていたので。撮影が始まったら今のホテル、メゾン・ブレゲから引っ越すことにする。

準備稿らしきものはできた。まだ「らしきもの」止まりではあるが。

リュミールが受け身すぎるのではないか？　という指摘はわからないでもないが……あまりアクティブにしたくない。どこかで一カ所自分から動ければ、それでかまわない。

イーサン演じるハンクが、ファビエンヌの撮影を見にいくという描写を加える。

「スケジュールが厳しくて……」とニコラが青ざめていたが、やはり役者に設定した以上、ずっと家で待っているわけにもいかないだろう。

東京から送ってもらった『海街diary』最終話「行ってくる」を読む。
「あたしの家はここだから」
とすず。
居場所が見つかったから、いつでも帰ってこられる。
だから遠くまで行ける。どこまでも。
吉田秋生(150)さんに「ありがとう」と「おつかれさま」のメールを送る。

間もなくフランスはバカンスに入ってしまうのでそれまで追い込み。
ホテルで『二十歳の死』(151)
不在の死者をめぐる人々の話……。
『そして僕は恋をする』(152)
デプレシャンとエリックとのコンビ作。
『そして…』にマリオン・コティヤール(153)が出ていることに今さら気づく。

7／23

11時。エリックとホテルで打ち合わせ。
準備稿(らしきもの)、良くなったと褒められる。リズムもスムーズになった、と。

私の作業はこの脚本からスコア（楽譜）を作る。

6〜8ページの表。シーンの構成を表にする。

そこからアングル、照明設計に進む。


ちょっと昨日観たデプレシャンの話をする。

デプレシャンはベルイマン(154)が大好きだからズームを使いたがる。あなたの作品はたぶんほとんどズームは無いと思うが……今回もそのスタイルでいくか？　今決めなくていいから考えておいてほしい。


カメラはアリフレックス(155)、レンズはライカ(156)を使おうと思っている。

最近はフィルムの4つの穴を全部使わずに3つか2つだけ使って撮影することが多い。撮影後、ブローアップする。

そのほうがフィルムの質感を保ちつつ、クリアすぎない画が出来る。フィルムテストしてみて、決めよう。


アン・リー(157)は「手持ちは演出を感じるから嫌い」。

アサイヤス(158)は「手持ちのほうが演出を感じない」。

そう言うとエリックはニヤッと笑った。真実はひとつじゃない。

16時、助監督のニコラと打ち合わせ。

10月5日。空港のシーンからクランクイン。イーサン・ホークは11月16日パリアウト。

それまでは順撮りというわけにはいかない部分も出てくるが了解してほしい。

クレモンティーヌは、MAX1日4時間の撮影で、カトリーヌは午前中はNG。

なかなか厳しい条件が出てきたが、これをいったん受け止めたうえで考え直してみる。

7／24

朝9時半。衣裳のパスカリーヌさんと打ち合わせ。

到着したリュミールとハンクはシャワーを浴びて着替える？

予想外の展開で滞在が長期になり、服が足りなくなる？　買いにいく？　ユニクロ？　GAP？　服のイメージというよりは何着必要になるか？　いつ何に着替えるのか？　という具体的な話。脚本直しにも反映出来る有意義な話し合いだった。

7／29〜30

『万引き家族』公開キャンペーンでソウルへ。

8／5

パリへ戻る。
スタッフはまだバカンス中。
『Wの悲劇』(159)
『死者にかかってきた電話』(160)シドニー・ルメット
『スカーレット・ストリート』(161)
『飾窓の女』(162)
『ローラ』(163)
大好きな映画。ナントの街が美しい。
『モンパルナスの灯』(164)
アヌーク・エーメ(165)が素晴らしかった。
『こわれゆく女』(166)

8／10

決定稿へ向けた脚本直しに取りかかる。

一応物語に登場する役者達それぞれの演技のバックボーンを考え、色分けしてみる。あまり図式的にならずにこれらを背負わせられるといいのだけれど。

ファビエンヌ……「私は私。役者は存在感でしょ。メソッド（感情の記憶）なんてあてにならないわ」

サラとマノン……想像力。見えないものを見せてくれる。過去も未来も。（アドラー）

ハンク……観察（ファビエンヌは「あんたのはただのマネ」と批判）

アメリカの演技指導者マイズナーは「役者同士が的確に反応し合うことで互いの演技に貢献する」と言っている。つまり溝口健二の言う「反射」(167)だ。今の自分には一番しっくりくる考え方。どうしても「メソッド」って対話が自己の過去へ向かわざるをえないから、芝居が自己完結的に見えてしまうのだ。

ファビエンヌがマノンを通してサラと向き合い、ここへ至る——というのが美しい流れなのだが……。

8／27

10時、プロデューサーのミュリエルと家の件で緊急ミーティング。

住民サイドから値段のつり上げがあった、と。

先日木曜にミーティングを持ち、決着したはずが、今週木曜にまた新しい条件提示があった。

こちらがお金を持っていると思って、コロコロと条件を変えてくる。信用出来ない。想定していた美術の予算をこの家だけで超えてしまいそうなので、別の物件を候補にして探し直したい。

この家で撮るにせよ、シャルロットの部屋に想定していた部屋は使わずにセットにしつつ、出来るだけ割合を減らしたい。

仕方ない。それは受け入れるが、あくまであの家が第一候補なので、ねばり強く交渉してほしい旨伝える。

歩きながら台詞を書いてるので、もうあの空間に脚本はフィットさせてしまっているのだから。


ミュリエルから決定稿の感想。

「またハンクの撮影シーン増えた」と苦言。

「終盤とても良くなった」

「ファビエンヌの弱さ、もろさも出てる」

「母と娘にスポットをあててわかりやすくなった」

「『ブローニュの森』は娼婦のイメージだから気をつけて」
「サラという名前はユダヤ系。そこは意識して書いてください」
脚本に対するミュリエルの指摘はとても具体的で的確。やや演出に踏み込みすぎか、と懸念は残るが、とても参考になった。

『歴史は女で作られる』(168)
『うたかたの恋』(169)ダニエル・ダリュー
意志の強さが魅力。
『サンフォード・マイズナー・オン・アクティング』(170)読了。
面白かった。

「演技は話すことではない。他人を使って生きることだ」(80ページ)

「時間が経つと過去の意味は、変わる。これが私が『感情の記憶』を嫌っている理由の一つだ」(142ページ)

まさにそうだと思う。記憶とは、固定化された化石のようなものではなくもっと動的なものだと思う。リメンバリングという行為によって動的にそのつど立ち上がって来るものが記憶である。

メソッドという方法は過去を静的に捉え過ぎていると僕も思う。

このマイズナーの考え方を発見、というかこの境地にリュミールが辿り着くのだな。きっと。

8／30

28日、11時半にホテルを出発して新しい家探し。

ヴィル＝ダヴレイに一軒、緑色を美しく使った家が見つかる。パリの中心部からはやや離れているが大丈夫か。この空間で明日、脚本直しを進めてみよう。

29日朝4時まで脚本直し。たくさん良いアイデアを思いつく。

昨日、今日とピンチであるにもかかわらずというかピンチだからなのか、怒ってるからか、時差ボケが治まったからか、寝不足なのに、とても脳の調子が良い。

明後日にはアメリカへ旅立つので、今日、明日進められるだけ進めよう。

ロケハンの移動中の車の中でもアイデアを思いつく。

結局思いつくのはいつも移動中なのだ。揺れる車中でメモを取るのがたいへんだった。

劇中劇の中で「あなたの娘に生まれてよかったわ」とエミー役のファビエンヌが言うのは、母への「優しい嘘」なのだ。

母は娘に、「優しい嘘」をついてようやくそのことに気づくのだ。で、ひとりで台本読んで髪をかき上げてみたりして。

で、明日、あのお芝居をやり直したい、と思う。フィクションと現実がファビエンヌの中で交差して「真実」に辿り着く……。

これならタイトルに入っている「真実」という言葉の意味が重層的にというか、シニカルな響きを含む。観終わったあとに。

ディテールはともかく、これでファビエンヌの着地点は見えたのではないか?

断片的だった点がすべて有機的につながってきた。

今日が「その日」だったか……。

8／31

脚本の直しがスムーズに進んだので、スッキリした気持ちでアメリカのテルライド映画祭(171)へ向かう。

機内で脚本直しの続き。

ハンクを昔アル中だったという設定に変更。イーサンに手紙を書いた。

それで一度目の里帰りは参加出来ていない。だから負い目がある。

イーサンと話した時に
「ハンクに何か弱点か欠点があると演じやすい」

「僕がわざわざニューヨークからこのパリの家までやってくる理由はなんですか？」

この2つの問いにどう答えようかと悩んでいたが、ある程度クリアに出来たのではないか。

ハンクがジャックに連れられて買い物に行った市場でアフリカの木彫りの人形を手に取って買う。

これが後々、実はハンクの父に似ている——彼の芝居は刑務所帰りの父の物真似である、という回収の仕方をしていく。良い思いつきだ。

親愛なるイーサン ホーク 様

御無沙汰しております。是枝です。
6月にパリでお会いしてから早いものでもう
2ヶ月が経ってしまいました。
パリの街は先週から急に秋めいて、朝晩は
かなり冷えこみます。9月まで残暑の続く東京とは
季節の移ろうスピードが随分違うようです。

さて。お待たせしていた脚本が出来上がりましたので
お送りいたします。とはいえ、ここから本読み、リハーサル
を重ね、もう一度直した上で撮影に臨みますので、
そのつもりでいて下さい。
前回パリに来て頂いて家族3人の様子を見られた
ことは、脚本作りにはとてもプラスでした。
頭の中であの時の3人を動かしながら脚本が書け
ました。

1

いくつか大きな変更点が前回の脚本からありまして、
1つは、ハンク（イーサン演じるハンクです！）が
撮影所に行ってクレールとマノンのお芝居を
見るようにしたことです。役者として、やはり、前の晩
にあの独白を、意味はわからずとも目の当たりに
したら、行くのが自然だと思いました。

これは、ちょっとご相談しながらと思ってまだ
課題として残っていることが2つほどあります。
1つは、彼の芝居のバックボーン。
彼は演劇学校に通っていたわけではなく、エキストラ
からの叩き上げで、遅咲きで人気の出たタイプだと
考えていますが演技設計の中心に置いているのを
「観察」にしています。自分の父親の記憶に基づいたり、
街の人々を参考にしたり… そんなあり方にリアリティが
あるでしょうか。

もう1つ、課題は… 今、ハンクはとても良い人
なので… どこかに弱点や欠点を作って　2

あげたいな、と思っています。
このあたりもどこかのタイミングでご相談
出来ればと思います。

では。9月にパリで再会出来ることを心待ちに
しております。

2018年8月27日　是枝裕和

3

P.S　脚本の英語翻訳をして
頂いている間に更にハンクについて
は改稿を加えてみました。
何か弱点や欠点を…と思い
彼がかつてアルコール依存症で
リハビリ施設に入っていた経験
があり（彼の父と同様）
現在は禁酒中である──
という設定を加えてみました。
ハンクの人間味がグッと加わった
のではないかと思います。
では。　4

伴走

プロデューサー　福間美由紀

この10年来、パリで監督が定宿としてきたホテルがある。左岸6区のBelAmi《ベラミ》。朝食のはちみつとハムがとても美味しい。この作品では、2017年春から2018年春までのロケハンやオーディション、そして2019年夏の最後の仕上げ作業の際に滞在した。BelAmi《ベラミ》、その意味は、「良き友人」だ。

この企画のきっかけも、映画を通じた「良き友人」だった。2005年以降、是枝作品のフランスのパブリシストであるマチルド・インセルティさんの紹介で、ジュリエット・ビノシュさんとたびたび会い、交流を深めてきた。2011年1月には、私が担当したコ・フェスタ内のイベントでビノシュさんと是枝監督が登壇し、〈女優とは、演じるとは、何か?〉をテーマに3時間を超えて熱く対談した。その慰安に冬の京都を旅し、「いつか一緒に映画を作りましょう、必ずね」というビノシュさんのウィンクに、ぜひ、と監督は即答した。同行しながら密かに高揚した。どこかでまだ夢物語だと思っていた。でも、ゆっくりと船が動き出したのは、あのときだった。

この企画の出発から、プロデューサーとして監督の伴走をしながら見てきた風景を思い起こしつつ、積み上げてきた日々について、僭越ながら書かせていただこうと思う。そこに、この作品と向き合う監督の視線や背中が、おぼろげに浮かんでくればと願う。

ビノシュさんとは少しずつアイデアのやりとりを重ね始めた。日本を舞台にしたフランス小説を原作にと提案されたこともあったが、監督の食指は動かなかった。フランスを舞台に外国人キャストのみで描くという揺るぎない考えがあった。

２０１５年10月、『海街diary』のプロモーションでパリを訪れた。ある晩、パブリシストのマチルド宅に招かれ、手づくりのイタリアンをご馳走になった。なかでもラザニアはとっても美味しかった。フランス人８人が一斉にわいわい話し始めて、政治、教育、映画、噂、プライベートまで硬軟いろいろな話題が食卓を飛び交った。総じて女性たちが強くて饒舌、男性たちは一見頼りなさげだが穏やかに見守っているという関係が微笑ましく、是枝作品を地でいっていた。この場を監督はずいぶん面白がり、あんなフランス人家族の食事の場面いいよねぇ、撮りたいなあ、としきりに言いながら帰途についた。その夜私は珍しく風邪をこじらせて高熱で朦朧としながら通訳したりしていたのだが、監督の頭に浮かんだイメージを聞きながら、これから何か新しい家族の食卓シーンが生まれるのだろうか、とディナーの余韻を反芻していた。

あるとき、『こんな雨の日に』と題されたプロットを監督から渡された。16年前に書かれた、老女優の楽屋のみを舞台とした未完成の戯曲がおおもとである。最初のタイトルは『クローク』、ある友情の物語だった。監督は、これをフランスの老女優である母と女優になれなかった娘の話にしようと大胆な改訂を思いついたのだ。そして、フランスで撮るならば、カトリーヌ・ドヌーヴを撮りたい。自分の作品で、ドヌーヴとビノシュという海外でもっとも尊敬する2人の女優の初共演を、母娘の物語として実現したいと考えた。フランスをはじめとする近年のヨーロッパでファミリードラマといえば、移民や人種問題を背景にした作品が多いが、監督はあえてそこに利いた風な目配せはせずに、映画／演技という切り口を見出した。フランス映画史への敬意と、25年間カメラを通して対峙し魅了され続けてきた「女優」という存在への考察と愛、「演じるとは何か」という監督にとって必然的に内から湧きあがる永遠の問いが、ファミリードラマという普遍性に包まれながら溢れ出していく――この企画はそうして始まった。

2015年12月、最初のプロット改訂。タイトルは『真実のカトリーヌ』。主人公はカトリーヌ、娘はジュリエット、その夫はイーサン。この3人は当て書きで、役名も役者の名前からそのまま借りていた。物語の大筋はすでにできていた。一読してすこぶる面白く、プロデューサーとしてこの企画を具現化することに不思議な胸の高鳴りと共に責任の重さを感じ、身を引き締めた。さあ、プロットを手に、どのように積み上げてい

珍しく美術館へ。ルーヴルで足を長く止めて魅入っていたのは、人々の日常を題材に生活風俗画を描き続けた17世紀オランダのフェルメールの小さな傑作だった。これからパリでどんな物語を描こうと思いを巡らせていたのか。

パルムドール受賞後、カンヌにて。

けばいいのか。すべてが手探りだったが、いわゆるフランス映画らしさを求めて作るよりも、是枝作品のオリジナリティを守りつつ、いかに監督の流儀をフランスに持ち込むかをむしろ考えた。

まず、座組み（製作体制）について検討した。当初、資金が100%フランスで集まるならば、純粋なフランス映画として作るのもいいと考えていた。だが、過去の様々な事例についてリサーチやヒアリングをしていくなかで、やはり日仏合作のかたちをとる方が、監督が作りやすいのではないかと思い直した。原案・脚本・監督・編集のすべてを自分で手がけるのが是枝作品の著しい特徴である。これまで日本で培ってきた独自のスタイルがすでにある。もちろん、郷に入っては郷に従えと覚悟も興味も持っていたし、それでも、監督の流儀を尊重してくれるパートナーをフランスで見つけるつもりではいた。それでも、完全なフランス資本のフランス映画としてすべてお膳立てされたところに乗っかるよりも、キャスティング、スタッフィング含めクリエイティブなイニシアティブは監督が常に手放さないかたちを作っておくにこしたことはない。海外というだけで様々な壁や段差があるからこそ先読みできる範囲で対策を立てて、監督が準備でパリに入る頃にはなるべくシームレスに、まるで日本にいるときのような感覚でリラックスして現場に集中して臨めるようにしておくことが肝要だと考えた。監督が作品づくりを最優先して本領を発揮できれば、最良の映画が生み出される。それは間違いないのだから。

そのような考えから、日仏が対等の発言権を持てるよう合作にする判断をした。すべての意思決定のプロセスに私も関わり、要所要所で監督の流儀を説き、フランス側にもその意図や必要性を十分認識してもらうことに努めた。資本的人的に日本の関与はミニマムだが、それでも製作体制として「合作」は不可欠な選択だったと今でも思っている。ちなみに、このときの選択について監督に相談すると、「どちらでもいいですよ。福間さんが考えて、やりやすいほうで」と。その柔軟な言葉に、いつもながら拍子抜けしつつ、どことなく救われるのだった。

フランスのプロデューサーの人選については、ビノシュとマチルドにも相談した。数名候補が挙がったが、最終的にはビノシュ主演のブリュノ・デュモン監督作などを手がけた3Bのミュリエル・メルランさんの参加が、2017年春に決まった。この頃から、撮影時期は2018年秋を見越して、資金調達、全体スケジュール、ワールドセールスのエージェント選びについても検討を進めた。そして、日仏合作に向けて3Bと監督契約、脚本契約、共同製作契約などの交渉に入った。フランス語の契約書と日夜格闘する1年間だった。「フランスは、監督の著作権を世界一尊重して守る国だから」と彼らはしばしば誇らしげに、また私を安心させるように口にした。確かに監督報酬や企画開発費のあり方含めて各契約書の文言からも、成熟した制度設計とそれを裏付ける哲学や映画への理解が透かし感じられた。「日本にはなかなかない発想です。すばらしいですね」というと、彼らはすかさず、「それは私たちが戦って勝ち取ったものだから」という。翻《ひるがえ》って、日本なんてと卑屈になる必要はないだろう。ただ、フランスやそれを模した韓国のように国からの文化産業支援が手厚いわけでなく、アメリカのように文化芸術へ多額の民間寄附が集まりメジャーからインディペンデントまで桁違いに層が厚いわけでもなく、日本はその中間くらいで自立した国内マーケットの充実によってほぼ支えられているという特殊性をもつ。そうした現状をふまえれば、安易に他国の方法論を取り入れることもまた難しいはずで、いったい何をモデルに、どこへ向かえばよいのか、課題も多い。そしてまた一方で、フランスではセールス界隈を中心に、旧来の国の保護政策に反対する価値観を唱え続けている映画人もいる。自国の文化を尊重し映画の多様性を守る制度のかげで、失われていくものとは何か？　表裏一体に考え続ける必要がある。

『真実』は、フランスの映画行政を管轄するＣＮＣ（仏国立映画映像センター）の認可を受けている。その公的助成システム（総予算約８００億円）を最大限活用するため、可能な範囲で「フランス要素」を高めた。このシステムはポイント制で、製作・キャスト・スタッフ・言語・ロケーションなどでのフランスの関与度がポイントに換算され、その合計点が助成承認のための重要な基準とされる。本作では、脚本・監督・編集とプロデューサーのひとりが日本、メインキャストのひとりがアメリカ、音楽がロシア、それ以外はフランスポイントとなった。

ＣＮＣの助成システムには自動助成と選択助成がある。自動助成は、いわば民間拠出金の再分配という発想である。財源は、映画館入場料税（チケット代の10・72％）、テレビ局収入税、DVD販売税などによって確保され、作品の商業的成果に比例して一定割合の助成金が製作者に自動的に還元され、次回作の製作に充てられる。選択助成は、製作、配給、興行に対して、それぞれの審査委員会によって作品と配分額が選考される。1959年制度スタート以降、新人監督作品、女性監督作品、大手プロダクション製作以外の意欲的な作品も積極的に採用され、映画の多様性に貢献している。

本作が受けたのは、選択助成のなかの製作費前貸制度（Avance sur recettes）である。フランス映画もしくはフランス寄りの合作が対象となる。この制度だけで年間約35億円（29Mユーロ）が拠出され、1本あたりの助成金額も大きい。選考は2段階。第1段階の脚本・書類審査では、40〜50本の応募企画の中から20本程度が残される。第2段階の面接試験では、審査委員会によって5、6本が最終的に選ばれる。その面接試験を2018年6月28日パリで受けた。当日の風景を思い出す。——朝。監督、ミュリエル、マチルド、通訳のレア・ル・ディムナさんと16区リューベック通りのCNCに到着。翌週に14区のラスパイユ通りへ大がかりな引っ越しが決まっていると館内スタッフに教えられる。待合室前の廊下に2009年カンヌのポスターが貼られているのが目に入った。『空気人形』のときですね、と監督に話しかけたが、「ですねぇ」とさすがに本番前の集中と緊張の背中。面接審査の部屋に通されると、部屋の奥には委員会メンバーがUの字に並んで座っていた。映画プロデューサー3名、監督2名、脚本家1名、編集技師1名、映画雑誌編集者1名、映画ジャーナリスト1名の総勢9名。CNCは文化省直属の機関だが、審査するのは役人ではなく映画人なのだ。持ち時間は15分。委員会メンバーに向けて監督がプレゼンテーションしていく。なぜフランスで？　なぜこの2人の女優を？　なぜ家族の物語を？　言語の壁はどうやって越えていく？　前日のリハーサルらしきものをふまえながら一通り説明し、矢継ぎ早の質問に対して監督が当意即妙に答えていく。たとえば、脚本リライトのエピソードを聞かれて、家族の寝室事情における日仏文化のギャップについて、「フランスでは親子は川の字で寝ないし、ましてや家族のつつましい幸せの風景とは思われないとスタッフミーティングで言われた。むしろ6歳の子どもがひとりで寝ないなんて心に欠陥があるの？　夫婦2人が同じベッドで寝ないの？　えっ、危機なの？　と違和感をもたれた」など、ユーモアを交えて話したときはどっと笑いも起きた。資金調達状況についてはプロデューサーが話した。こうしたプロフェッショナルな審査基準による口頭のプレゼンを経て、晴れて企画が選ばれる仕組みは、書類審査のみの日本の文化庁の製作助成とは異なるが、より透明性があって健全にも思えた。翌日、イーサンと皆で飲茶を囲んでいるときに朗報が届き、胸をなでおろした。

話をプロダクションの進捗に戻そう。仏訳版プロットを、2016年4月下旬にビノシュさんに送った。「ドヌーヴさんとは最近アフリカでチャリティイベントに一緒に出席して素敵な出会いだったわ。イーサンとは1週間前にskypeで話したばかり。なんと世界は小さいんでしょう！」と驚かれた。物語を書き始めたそばから、劇中家族が現実にも接点を持ちシンクロし始めていたとは、これも映画のマジックだ。

5月、『海よりもまだ深く』で訪れたカンヌで、ビノシュさんに会う。「演技はある種の嘘のようにも思われがちだが、自分にとってはむしろ真実に属するもの」という彼女の演技哲学から、20世紀前半の二大悲劇女優サラ・ベルナールとエレオノラ・ドゥーゼの演技比較（外・身振りから入るか、内面・感情から作るか？）まで、監督は熱心に耳を傾けた。帰国後、劇中の役者たちの演技のバックボーンの違いについても考えてみたいと、スタニスラフスキー・システムやストラスバーグのメソッドなど欧米の演技論や演技史の本を渉猟《しょうりょう》しはじめた。

2017年4月初旬、『海よりもまだ深く』のプロモーションでパリへ。BelAmi《ベラミ》でドヌーヴさんと面談した。ドヌーヴさんは是枝作品だけでなく日本やアジアの映画も頻繁に劇場で観ている筋金入りのシネフィルだ。成瀬巳喜男の『浮雲』は大好き、と微笑まれたとき、いよいよ監督と相性が良さそうだなとうかがえた。

9月、パリ郊外で主人公の家のシナハンを行った。「ホームドラマは家で決まる」と監督は常々言う。紅葉する庭があること、『サンセット大通り』のような時代に完全に取り残された大女優とは違って、仕事も人生も晩年ながら現役感のある女優の主がイメージされること、代々家族が過ごしてきた時間が感じられることを重視した。

また、この滞在でドヌーヴさんへのロングインタビューを監督自身が行った。子どもの頃の家族の思い出、娘キアラとの関係、ジャック・ドゥミ、フランソワ・トリュフォー、アンドレ・テシネらとのコラボレーションなど半生について伺った。「自分は女優としてのDNAを誰から受け継いでいると思われますか?」と尋ねると、「ダニエル・ダリュー」と即答。「では、誰に受け継がれていますか?」と聞くと、「フランスにはいないわ……。ケイト・ウィンスレット、ナオミ・ワッツかしら」と答えた。このやりとりは映画冒頭の記者によるインタビューの場面に活かされている（このとき出た女優たちの名前は台詞に加わり撮影もされたが、最終的には編集で削られた）。この滞在の成果をもって、ロングプロットのリライトが重ねられた。劇中劇でケン・リュウの短編小説『母の記憶に』を使用できないかと監督に聞かれ、すぐに原作権交渉を始めた。そして、11月末に初稿完成。

2018年3月、『三度目の殺人』のフランス公開に合わせてパリに2週間滞在中、ドヌーヴさんに2回目のロングインタビューを行う。初稿を読んだ感想は、「この主人公は価値観がずいぶん古いから、せめてヌーヴェル・ヴァーグまでアップデートが必要ね。名前はカトリーヌ以外に変えてくださいね」。その半年後、名前は彼女のミドルネームであるファビエンヌに落ち着く。さらに、「撮影場所は絶対パリよね、郊外はイヤよ」とまっすぐ監督の目を見て3度繰り返す。その一部始終をドヌーヴさんの愛犬ジャックが傍らで目を閉じて聴いている。ひとしきり話した後、ジャックの友だち犬がわんさか登場。カオスめいてインタビュー終了。ドヌーヴさんは私たちに近所の美味しいピザ屋さんを勧めて、「A bientôt（またね!）」とジャックと一緒にホテルを出ていかれた。話の内容ももちろんだが、口調も仕草もワガママもすべてチャーミングで、「軽やかだよなあ」と監督が繰り返し呟く。女優自身のもつこの「軽み」は、主人公のキャラクターや映画全体のトーンともなって、スクリーンに滔々《とうとう》と流れている。

監督の右腕である撮影監督として、切望したエリック・ゴーティエさんが決定する。

『クリスマス・ストーリー』でドヌーヴと、『夏時間の庭』でビノシュと現場経験のあるベテランで、近年はウォルター・サレス、ジャ・ジャンクーらフランス国外にもフィールドを広げている点が、この作品にも適っていると思われた。ロケハンにエリックも合流し、14区サン・ジャック通りに理想の戸建てが見つかった。監督は特に庭に面したテラスに一目惚れ。これでパリ市内というドヌーヴさんの希望も叶うことになり、私もほっとした。

現実の立地が脚本に大いに活かされていく。家の裏にパリで唯一存在する刑務所（1866年〜、サンテ刑務所）があること、そこでかつて有名な脱獄劇が繰り広げられたことから、ハンクがテレビの脱獄シリーズで人気が出たという設定が加わった。また、門前を走るメトロに想を得て、葉の落ちた夜の庭で、電車の音に耳を澄ませる母娘のなにげない会話が書き足され、秋の彩りが深まった。

さらに、新進女優役と子役のオーディションも行った。ミヒャエル・ハネケの作品も手がけるキャスティングディレクターのクリス・ポワティエさんに参加してもらった。新進女優役の一次面接では、事前に日本へ送ってもらった書類とビデオから厳選した約

20人。『イヴの総て』『スイミング・プール』『アクトレス〜女たちの舞台〜』からの抜粋と、本作の脚本の抜粋を演じてもらった。フランスの若手女優の基礎演技力のレベルに監督も驚嘆していたが、中でもマノン・クラヴェルさんは群を抜いていた。魅力的なハスキーボイスで（それはサラと似た「優しい溜め息」のような声というくだりにつながっていく）、本作のワンシーンを彼女が演じ始めたとき、部屋の空気が水を打ったように静まり返った。監督が不意に立ち上がって演出をつけ始めると、彼女の演技が的確に変わっていく。鳥肌が立った。「なんか、4：6になった感じ。期待の方が不安よりちょっと上回ったかな」と監督は手応えを感じて、少し安心した表情。一方、シャルロット役は、6歳前後の仏英バイリンガルの女の子から探していった。演技では劇中の台詞を監督が口立てで伝えていった。決定したクレモンティーヌ・グルニエちゃんは、度胸と愛嬌、鼻の形がどことなくイーサン・ホークに似ていることも監督の決め手となった。

帰国後、ほどなく第三稿が完成した。また、監督の長期滞在ビザ取得に向けた諸準備を進めて、広尾の仏大使館で手続きを終えた。半年後にパリ警視庁での手続きをもって申請は完了する。合作は、こうした映画の現場の外の作業がなかなか煩雑で多いのだが、実は現場の内側以上に外国人であることを意識させられる瞬間が多々ある。

5月、カンヌへ。『万引き家族』のワールドプレミアの合間に、France3、Canal+などテレビ局を中心に出資候補と面談を重ねた。監督は2日間だけパリへ飛び、エリックらとミーティングも行った。そしてカンヌに戻り授賞式、パルムドール受賞。そのまま流れに棹さすようにイーサン・ホークさんに会いにニューヨークへ向かった。最高のタイミングでの初対面で、監督自らオファーし好感触を得た。面談の直後、監督の至福が伝わった。「素晴らしい人だった」。会話は弾み、映画人としても父親としても、イーサンの顔や言葉のすべてが印象深かったようだ。そして後日正式に出演が決定した。正直、この頃すべてが順調過ぎて、また世の中の熱が止まらなくて、なんだか少し怖いくらいだった。監督はいろんな意味で大丈夫だろうか、と妙な心配も喉元まで来ていたが、ただ、高揚の渦中で祝福を受けながらも、話すときはふだん通り、どこかで冷静に今の状況と行方を観察している人なので、安心もあり、私も野暮な問いかけは控えた。たぶん長く仕事をさせていただいているからこそ、喜怒哀楽は共にするが、あまりいちいち波を作らず、私はいつも耳たぶくらいの温度でそこにいるほうが良いんじゃないかと漠然と感じている。監督は準備稿を練り上げ、パリ行きの準備を粛々と進めていった。

＊　＊　＊

6月24日から約6カ月にわたる監督のパリ滞在がスタートした。バスティーユ界隈のスタッフルームとホテルを往復する日々。現場のスタッフィングもこの頃にはほぼ固まった。

日仏通訳・翻訳については、監督の信頼も厚いレアさんに安心してお願いした。外国語での映画づくりにおいて通訳はいわば生命線だ。レアさんとの出会いは、2014年12月のマラケシュ映画祭での日本映画特集だった。監督の取材中、『海よりもまだ深く』の主人公・良多が父親の仏壇に線香をあげようとしたら、燃えかすが溜まっていて線香が刺さらないという場面についての通訳があまりに素晴らしくて、すっかり聞き惚れてしまったくらい。線香という極めて日本人的な習慣やそれにまつわる感情の機微を前提にした監督の答えを、ちゃんとニュアンスまでおさえられた訳し方で、リズムも耳に心地よく、フランス語だが日本語を聞いているような不思議な感覚だった。現場では、監督も次第に、「ダコ（了解）」「トレ ビアン（いいですね！）」「サヴァ（大丈夫）」など少しずつ覚えていった。LINEのノートに監督がよく使いそうなフランス語のメモを残していった。美術のリトン・デュピール＝クレモンさんは「おつかれさま」「元気ですか！」「またまたー（ツッコミ）」を完璧にマスターした。言語の壁はどう乗り越えたのか、としばしば質問される。監督もよく答えているとおり、映画の現場ではその壁は本質的な問題にはならず、むしろどんな作品を作ろうとしているのかというヴィジョンやセンス、互いへのリスペクトがしっかり共有されていることが何より重要だと実感された。

監督助手は、是枝組特有の若手ポジションである。パリで選考し、バイリンガルの浅野マチューくんと庭野月伯《つくは》さんに決まった。脚本のタイピングや各資料の翻訳、監督の滞在サポート、通訳・編集のフォローだけではなく、脚本や演出に意見をすることも求められるが、ヒエラルキーが明快なフランスの現場にはそぐわないと初めはしばらく反対された。しかしたびたびの説得と2人の仕事ぶりや人柄によって、その役割が徐々に認知され浸透していった。

また、チーフ助監督としてニコラ・カンボワさんが参加した。人格者で、（特に予算問題で）ヒートアップしがちなミュリエルを冷静になだめたり、居場所を見つけづらい監督助手たちの味方をしてくれる。言語は違うが、目の前でニコラが頷いているだけで監督も不思議と安心感があるようだ。ニコラ始め男性スタッフは皆陽気で穏やかで優しく、女性スタッフはしっかり者でなかなか物言いも強いのがまた是枝作品の男女の描き分けと不思議と共通している……監督が引き寄せるのか？　皆、デコボコだが、情も湧いて愛すべきフランス是枝組だ。

この頃に、監督が頭や耳の疲れを少しこぼすようになる。カンヌからニューヨーク、東京、上海、パリと長旅が続き、いきなりのフランス語漬けと濃密な日々では無理もない。とはいえ、はたから見れば、全方位にフル稼働して、これ以上は望めないくらいタフに順応していたのだが。フランスのスタッフは監督となるべく1対1の個別面談を好むため（個人主義の国だからか、大勢いる場だと遠慮が出るのか？）、監督は同じ話をしばしば繰り返すことになるのだが、それでも各部の相談や課題に一緒に向き合い、一人ひとりに丁寧に接する姿勢に、皆驚いていた。あくまで監督自身のなかで、ようやくパリに入ってあれこれ一気に貪欲に吸収したいところなのに、自分の中の期待値を超えていかないという意味だったと思う。監督は、自分の仕事だと思ったら徹底してやる性分だ。自分に求めすぎてリミッターを失うときがある。「もしかして監督……スーパーサイヤ人を目指されているのですか⁉」と冗談半分で馬鹿なことを言ったこともあったが、始まったばかり、監督にとっては少しペースを落としていると思うくらいがちょうどいいのではないかという思いだった。

同月末に、イーサンの3日間のパリ滞在が急遽決まった。到着時はハットを被り、娘さんがクリスマスに刺繡してくれたという故郷テキサス州の旗が背中に大きく入ったジャケットを素敵に羽織っていた。初日、監督との面談では、好きな監督はジャック・ドゥミ、イングマール・ベルイマン、好きな詩はハーフィズと教えてくれた。——「太陽は言わない：長い長い年月　太陽は地球に光をそそぎ続けている　そして、ただの一度も言わない　『わたしのおかげよ』だなんて…（ハーフィズ詩集『ギフト』）」。すべてがイーサンらしく感じられて、ハンクという役の外見や内面につながっていった。2日目、シャルロット役のクレモンティーヌを呼んで、父娘の初顔合わせ。夕飯後、イーサンがスタッフたちを誘って散歩へ。監督はセーヌ河畔に佇むイーサンの後ろ姿を全身しげしげと眺め、「やっぱりどこからみてもイーサンでしかないっていう体の造型なんだよなあ」と感心しながら嬉しそうでした。3日目、ビノシュさんも加わり、劇中の家族3人の日を作った。16区にある遊園地、アクリマタシオン庭園でピクニック、射的、ボート遊び、イーサンがギターでクレモンティーヌの歌を作ってプレゼント……猛暑のなか汗だくになりながら3人は全力で遊び、帰る頃には並んだ立ち姿や雰囲気が、見事に親子になっていた。ビノシュさんに、「やっと一緒に映画を作れるのね。脚本を飛行機で読み直したけれど、私の演じる娘の役は、母親の陰でただ可哀想な人に見える。でもきっとそこはこれから役を深めていくのよね、コレエダを信じているわ。ミユキの娘は来ないの？ ぜひ連れてきてね」と。彼女の懐の深さをあらためて感じた。

7月初旬の週末、監督がひとりで14区の主人公の家に泊まる。登場人物の動きと部屋の位置関係、移動にかかる歩数と台詞の長さ、部屋からの風景や夜の物音などを、自分の体で確かめ脚本に反映させていく。アイデアが大いに湧いて目覚めた朝は、小鳥のさえずる庭でノートをとりパンをかじり、日曜日の素敵さを思い出したそうだ。監督、人生の時間をめぐるコペルニクス的転回か？と思われたが、次の日曜日はまたホテルの部屋で個人作業に勤しみ、惜しみなく働いていた。人はそう簡単には変わらない。

東京で製作発表。監督取材とリリースに向けて、駄目もとでお願いしたメインキャストたちからのコメントが次々と届くが、ドヌーヴさんだけ届かない。ハラハラしつつも、いかにも大女優の風情で、それも悪くないなと思う。結果、「魅力に溢れ、ユーモアと同時に残酷さを備えた素晴らしい脚本です。言語の壁については、恐れるよりも私はむしろ好奇心をそそられます」と、勇気づけられる素敵なコメントが入った。締め切りぎりぎりに届いたところがまた心憎い。5月のカンヌ後に海外から逆輸入された誤報でいくらかざわつきもしたが、ようやく初めて自分の言葉で本作について話せたことに、監督も安堵の様子だった。

8月20日、フランスの夏のヴァカンス（7／28～8／19）が明けて、待ちに待った現場再開。決定稿が提出された。ファビエンヌの強さの奥に秘められていた弱さ、恐れ、衰えが際立つとともに、亡霊（サラ）、子どもの目（シャルロット）がより表糸として織り込まれたことで、主人公の陰影が深まり、物語がさらに重層的になった。ラストへの流れ、胸が震えた。あとは台詞の量と、マノンの方向性だろうか。

9月初めの週末、監督は『万引き家族』でアメリカのテルライド映画祭へ。ここから半年に及ぶオスカーキャンペーンが始まる。パリに戻ってきて衣裳合わせ、キャスト面談、技術打ち合わせ、トト（犬）決定などを受けて、撮影稿が上がる。

そして、9月15日、監督緊急帰国――。とんぼ返りでパリの現場に戻った。

その1週間後にスペインのサン・セバスティアン映画祭へ。監督のドノスティア賞（生涯功労賞）受賞を、ギャガ、フジテレビの皆さん、マチルドと共に祝福。ささやかながら仕事をご一緒し始めてからの15年間が蘇る。日曜日のラ・コンチャ海岸はちょうど曇天で、人もまばらな砂浜を眺めていると、どうしても『万引き家族』の一場面が浮かんで、あの家族たちを探してしまった。そして、空へ、思いを馳せた。

9月最終週、キャスト本読みを行い、撮影前の最後のリライト作業を行う。10月1、

2、3日、俳優たちとのリハーサル（立ち稽古）を終えて、撮影準備は完了した。

10月4日、快晴、クランクイン。家族の7日間を、撮影日数43日間をかけて丁寧に追っていく。初日の日々スケ（feuille de service）には、「今から2カ月の長旅ですが、船長として船が難破しないようにしっかり舵をとりますので、みなさんゴールまで楽しく頑張りましょう。風邪に気をつけて!! かんとく」と手書きのメッセージが添えられた。海に浮かぶ船のイラスト付き。そして、是枝組パーカーが配られる。胸にクレモンティーヌのイラスト付き、背中にキャスト・スタッフの名前入り。緑、紅、グレー、黒、色とりどり。現場の士気が高まり、雰囲気もぐっと和らぐ。

現場の色と言えば、主人公のテーマカラーは緑色と決めて、劇中の衣裳や美術に象徴的に使おうと監督から提案された。ピエールは、茶色のタートルネックを常に着ていることに。亀なので……。

フランスの撮影現場でまず日本と違うのは、労働時間だ。原則1日8時間までと法律で決められている。本作では10時準備、11時ランチ、12〜19時半撮影（休憩なし）、夜間・土日は休みが基本。子役の撮影は、7歳の場合、学期中は1日3時間、バカンス中は1日4時間まで。現場中といえども、個々人の日常生活が守られる環境を社会全体で支えている。その恩恵もあってだろう、各部にお母さんスタッフも多い。私も子連れ出張の背中を押された。滞在中は5歳の娘の居場所を皆が気にかけてくれて、スタッフル

是枝組パーカーを着てクランクイン。

クランクアップ後、パリの花屋の前にて。

ームにもごく自然に温かく迎え入れてくれた。

また、違う意味で驚いたのは、食事である。スタッフ・キャストと共にするのは、基本1日1回、日替わりビュッフェスタイル。シェフが食堂（cantine）横の大きなワゴンのキッチンで腕を振るい、数種類の前菜、メイン、デザートまで心のこもった温かい料理が振る舞われる。どれも美味しいが、煮込み料理のキャスレ、デザートのイル・フロトンが監督のお気に入り。おかげで秋冬の撮影の2カ月間、毎日笑顔で乗り切れた。フランスは外食の値段が高く、日本ほどバリエーションもないので、この平日ランチの充実はかなり嬉しかった。ドヌーヴさんやイーサンの誕生日には、食堂でケーキを囲んで歌って、お祝いした。


序盤は家のみのファミリードラマが濃密に展開していった。

10月18日、クランクインから2週間。監督は日本とは違うペースや環境での撮影にもようやく慣れてきた。スタッフ・キャストも監督の視線や動作から徐々に何かを汲み取るようになっていた。まわりからのリクエストに応えて、監督が一句詠む。「紅が舞い広がる空に　白二本」。紅葉と青空と飛行機雲。見事にトリコロール。これが現場で思いがけず好評で、監督ひたすら恐縮していた。「俳句は短歌と違って、感情を込めずに見たままの風景を文字にするのが基本」、そんな監督の説明を覚えていたようで、後日イーサンがあるシーンについて、ここは台詞で感情を語りすぎているのではないでしょうか。俳句の精神でやってみませんか?というような問いを監督に投げかけていることもあった。

10月末、ディナーシーンの撮影。家族全員が集って愉しいおしゃべりもつかの間、母娘が初めて大きく衝突する。現場の緊張も高まる。中学で演じた『オズの魔法使い』の臆病なライオンそのままの自分とは対照的に、女優として勝ち続けてきた母の揺るぎない(と思われた)強さを憎んでいた娘が、噛みつく。やがて母の中の弱さや負い目が垣間見えるが、娘はここではまだわからない。ワイングラス越しに母の秘めた寂しさに気づけたのは、言語の通じない娘婿だった。それぞれに秘めた感情が渦巻く前半の山場を無事に越えた。ラッシュを確認してようやく息を吐く。

11月に入り、陣中見舞いがちらほら続いた。フランスにはない習慣だそうで、現場に日本の誰かをお連れするたびに緊張が走る。とりわけ撮影監督の山崎裕さんがいらしたときのドキドキったら! ちょっと目を離すと隙あらば、入っちゃいけませんよと伝えていたドヌーヴ撮影中の部屋にもずんずん入ってしまわれ……5歳の娘と遊園地に行ったときの感覚をふと思い出したものだ。それでも、手がけた名だたる作品名をいえば、たちまち笑顔で打ち解けられるから、これも映画の力。フランスでの日々、日本の是枝作品のパートナーやキャスト、スタッフ、そして分福の仲間たちが来たときには、監督も自然と頬が緩んでいた。たびたび言われた言葉は、「なんか、監督いつもと同じ感じですねぇ」。嬉しかった。ある意味、そんな感じが目標でもあったから。

11月6日、路上での車のシーン。パリは街なかで撮影しても黒山の人だかりにはならない。深夜になるとぐっと冷え込んで、差し入れでいただいた日本のホッカイロが大活躍。撮影中は牽引車から見上げた雨フラシに夜の灯が反射して、思わずうっとりしてしまった。

11月8日、雨上がりの広場で、是枝作品では初めてのダンスシーン。雨に濡れた石畳の散歩と合わせて、監督が今回必ずやろうと決めていた場面のひとつだ。5区のレストランChez Léna et Mimileでの家族ディナーの後に訪れる、夢のひととき。心に刺さったままの小さな棘を互いに抱えながら、ほんのいっとき皆で楽しく踊る。音楽のアレクセイ・アイギ率いる楽団がストリートミュージシャンに扮して生演奏。この曲は主人公の出世作となった昔のミュージカル『フランソワとフランソワーズ』の音楽という裏設定だ。前日に続いて凍えるような深夜撮影だったが、現場は幸せな高揚感に包まれた。

11月15日、夜の庭のシーン。本作はそこかしこに紅葉のイメージがちりばめられている。確実に訪れる冬の足音を感じながら、来し方行く末を見つめていく秋。『万引き家族』では一人ひとりが深海の小さな魚だとしたら、『真実』の一人ひとりは小さな葉っぱなのかもしれない。それぞれの色になり、季節とともに変化し、光に輝き、雨に濡れ、風に吹かれ、時に隣りの葉と重なり、時にダンスし、いつかは枯れて散りゆく日まで（と私には見えるのだが）。この夜、イーサンがクランクアップ。監督と男同士がっちり抱擁していた。

11月26日、エピネ撮影所での撮影開始。マノン、サニエが加わり、いよいよ劇中劇を通した女優たちの対峙へと移っていく。劇中劇を外から見つめるビノシュの眼差しの圧倒的な強さと繊細さに、監督が気づき、撮影や編集の方針を再考する。

12月4日、終盤に子ども部屋のシーンが追加された。「ねえ、これって真実なの？」とシャルロットがリュミールにささやくように問いかける場面だ。その前のシーンで、ファビエンヌとリュミールの抱擁（母の優しい嘘）で一見成就したかに見えた2人の和解だったが、やはり女優を選んでいく母によって見事に、かつ残酷にひっくり返される。これを受けて、脚本家である娘が母にある仕掛けを返していく。監督から撮影中にひらめいたと脚本の直しを見せられたとき、ようやくここに、この映画のすべてが緻密に豊かに凝縮された着地が見えた。

12月7日、病室のシーン。アクシデントの後のファビエンヌ／ドヌーヴの芝居の凄みに、思わず息を呑むスタッフたち。監督は小声で、凄い、と感じ入った顔。撮影もラストスパートに来て、日々何かしらが起き、現場はますます「生き物」として動いていた。

12月11日、撮影のあと監督とプロデューサー陣でCNCへ。製作費の助成を受けたお礼を改めてお伝えした。移転してまもない巨大な建物が、フランスの映画文化支援に対する強い意志と矜持を感じさせる。帰り途、車窓の向こうには、華やかなノエルのイルミネーションと、ジレ・ジョーヌ（黄色いベスト運動）のデモを警戒する物々しいPOLICEの車の列が隣り合う。これもまた今のフランスの象徴的な景色のようだと目に焼きつく。

12月12日、楽屋のシーンをもって、ドヌーヴ、ビノシュ、マノンともにオールアップ。監督から女優陣へ、花束を贈る。若手もベテランも、「コレエダとの仕事は本当に楽しかった、ぜひまたやりたい！」という名残り惜しそうな言葉で撮影は終わった。レアさんと思わず抱き合いながら涙浮かべて笑った。監督、スタッフ、キャストのみなさん、本当にお疲れさまでした！　ただただ感謝しかありません。その夜、クラブで打ち上げパーティ。翌日、すっかりクリスマスムードのパリと別れ、支えてくれた仕事仲間や家族の待つ日本へいったん帰国した。

年明けから2月末まで、監督は『万引き家族』のオスカーキャンペーンでたびたびアメリカへ。フランスでは、セザール賞外国映画賞受賞。会場に現地関係者不在でトロフィーを受け取れなかったハプニングがあり対応に追われた（4カ月後、パリでポスプロ中に監督に無事授与された）。再び熱い祝福を受けながら、合間で隙間を縫うように編集を始めた。

あるとき、まだまだ長尺だった頃、「この映画はほんとうに集大成かもしれない」と監督がモニターを前に手を動かしながら背中越しに冗談交じりにこぼしたことがあった。小さな小さな家族の話だが、これまで描いてきたファミリードラマや、真実／嘘のあわい、記憶と時間、不在の後に残された人、血を超えたＤＮＡの問いが、人生の大半を懸けて向き合っている映画や演技というものを通して初めて描かれている、そんな作品が自分の手のなかでかたちをなしていく。そう思えば、確かに見た目は完全にフランス映画だが、画面の隅々まで是枝作品のエッセンスが漲っている、なかなか壮大な映画の試みともいえるかもしれない、と私は解釈した。撮影中から日々ラッシュを見ながら、なにか新しい豊かさが生まれていると感じていたことが、胸にストンと落ちた。

2019年4～5月、パリや東京で編集を続けた。舌鋒鋭いフランス人のプロデューサーやセールス陣からも意見をもらい、侃々諤々《かんかんがくがく》。あるシーンがどう見えるか、言語的文化的バイアスで思いもしなかった解釈のズレが生まれることもあった。ストレスや不自由も感じていたにちがいない。そんな時も、監督は穏やかに耳を傾け、口頭や手紙で対話を諦めず、あらゆる可能性を試しながら手を動かしていった。昨夏、フランソワ・オゾン監督にお会いした際にうかがった「外国語で映画を作る時は、撮影よりも編集のほうが実は大きなハードルなんです」という言葉がたびたび思い出された。やがて、ズレもまた合作の醍醐味か、異文化体験かと監督の背中がどこかで面白がっているようにも見え出した。そして、監督は自身の納得するかたちへと、作品を研ぎ澄ませていった。6月中下旬、パリで最後のダビング、グレーディング作業。7月5日、東京で監督と2人でグレーディング試写。自分の中では実質の完成試写だった。エンドロールやタイトル作業を経て、7月下旬にDCPが完成した。

ここから、この映画の旅が始まる。まずはヴェネチアへ、そして日本へ、さらに各国へ。今回ほど、映画と人生というものが半ば運命的に交わり合うのを目の当たりにしたことはなかった。作品自体が、このタイミングを選んで誰かのために生まれてくるものだとしたら？　この作品づくりを通して私は監督に伴走してきたと冒頭に記したが、駆け足で振り返ってみて浮かび上がってきたのは、どんなときも、映画そのものが、友人のように監督に寄り添い、見守り、問いかけ、救い、まさしく伴走してきた風景だった。最近、次はどんな作品を？と期待を込めた問いかけをたくさんいただく背中は、深く感謝しながらも、どこか少しだけ戸惑っているようにも見えるときがある。次はどこへ――今は動かず、航海図ともう少し睨み合っていたいのではないだろうか。ハイペースなアウトプットが続いたここ数年を経て、このあたりで一度呼吸を整え、インプットのタメをあえてつくられているのだろう。また新たな「良き友人」をつくり、さらにタフにいい旅を続けていくために。

『真実』という名の苦楽の冒険を一瞬でも共有した様々な人々の思いをのせて、この映画がたくさんの人にとって、良き友人のような存在になることを、心から願っています。

２０１９年8月16日・東京にて

ークフランセーズ館長のコメント

小さな命が呼ぶとき
ウォーターホース
ショッピングニュース
ダイナソー

『レイチェル・ポートマン』
わたしを離さないで
イルマーレ
白いカラス
サイダーハウス・ルール
ボクと空と麦畑
スモーク

原作
ジョアン・ハリス

『ショコラ』を先に。　2000年　脚本 ロバート・ネルソン・ジェイコブス

色をテーマにするというのはどうか？
トリコロールは(青)だが　ヴィノシュというと(赤)のイメージがあるが―
そんなことはないか？　ポンヌフはどうだ？

監 ラッセ・ハルストレム　アメリカ映画　舞台は仏

スウェーデン出身　撮影はアメリカ的、セットか…　オープニングもCGっぽい

さて、ビノシュ

吹雪の中、
母娘が赤いコートを着て歩いている。

娘も赤

窓辺の飾りも赤

お菓子屋を開く…？

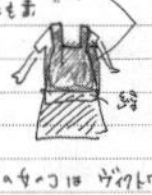

エプロンも赤
髪飾りも
エプロンも赤…

娘役の女の子は ヴィクトワール・ティヴィソル「ポネット」の女の子
'91〜　(1996)

昔なら アンナ・マニャーニ や 最近なら ペネロペ・クルスが
やるような 肉感的な役か？

店のイメージも(赤)　チョコレートショップ　(マヤ)

開店直後に
着てたブラウスも赤（シルクか？）

マルクに「ひげをそって来てね… チクチクして痛いから」
という アンナの台詞を聞いてショックを受けるアレックス

（目玉じょうだんみたいなシーンがはさまるなぁ…）

ナイトシーンの(赤)　あとにも(赤)がちりばめられてる

○ 39分「君の濡れたくちびるはステキだ
昔の女優みたいだ…」

（誰がモデルだろう…（　））

笑わそうとする…
歌で（鳥の声）
黄色い手ぶくろ
（遊び）　ティッシュ… 黄、青、赤、緑

45分

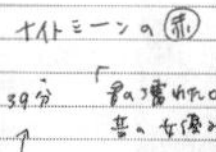

赤いベッド
黒い服
白い肌　♪音楽を…
ラジオがいい…
D・ボウイ「モダン・ラヴ」

疾走するドニ・ラヴァン…

「永遠に疾走する愛を信じるか？」首を振るアンナ
（嘘）

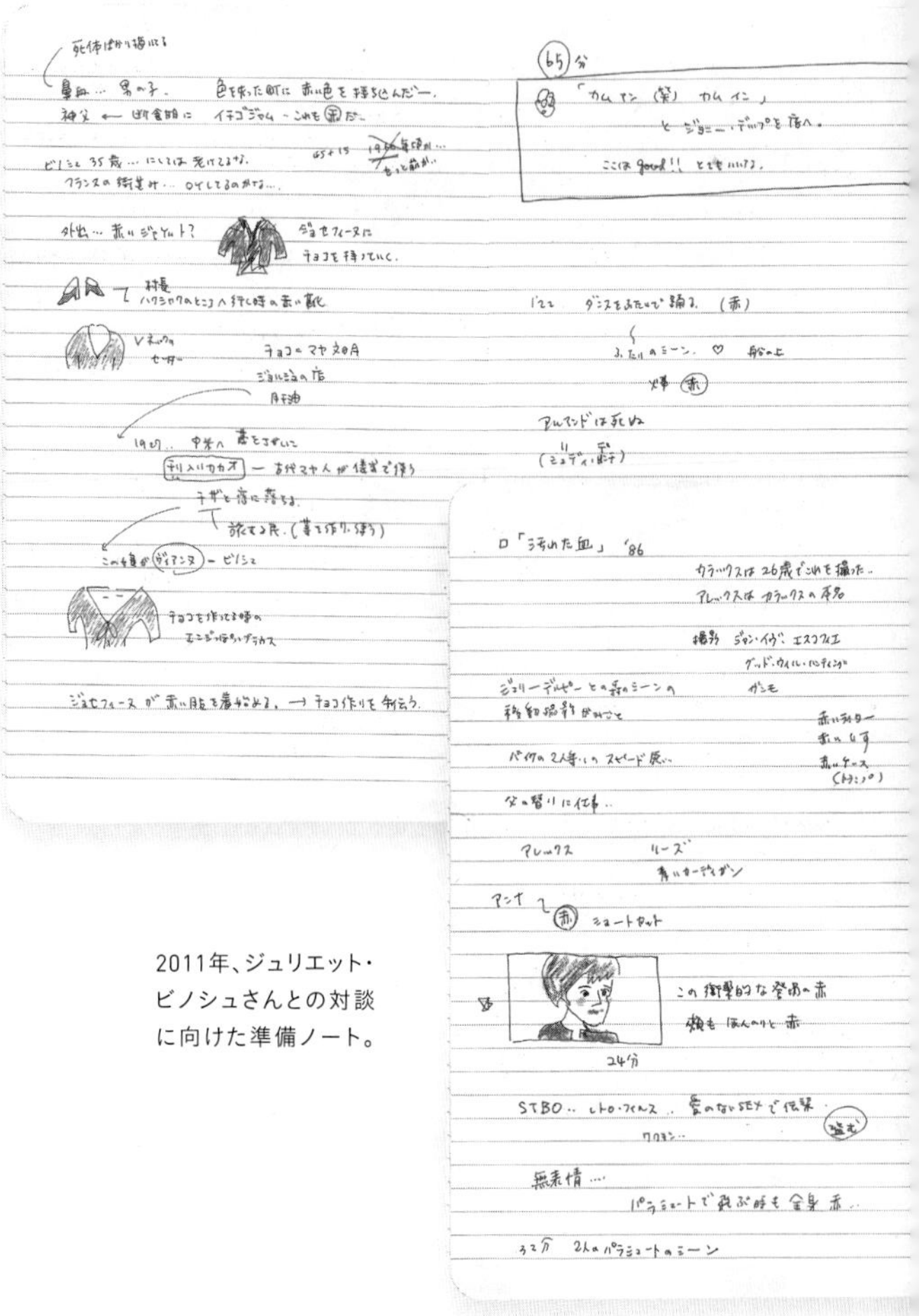
死体ばかり描いてる
舞台…男の子。 色を失った町に赤い色を挿し込んだー。
神父 ← 断食明けに イチゴジャム ~これも赤だ。
ビノシュ 35歳…にしては老けてるな。
65+15 1956年頃…
もっと前かい…
フランスの街並み…ロケしてるのかな…
外出…赤いジャケット?
ジョセフィーヌにチョコを持っていく。
村長
ハクシャクのとこへ行く時の赤い靴
Vネックのセーター
チョコ＝マヤ文明
ジョルジョの店
唐辛子
1907、中米へ 赤とうがらしに
赤いカカオ ー 古代マヤ人が儀式で使う
子ザと店に落ちる。
旅する民。(薬を作り使う)
この娘がヴィアンヌ ー ビノシュ
チョコを作ってる時の
エンジっぽいブラウス
ジョセフィーヌが赤い服を着始める。→ チョコ作りを手伝う。
65分
「カム イン (笑) カム イン」
と ジョニー・デップを店へ。
ここはgood!! とてもいいな。
1:22 ダンスをふたりで踊る。(赤)
ふたりのシーン。♡ 船の上
火事 赤
アルマンドは死ぬ
(ジュディ・デンチ)
□「汚れた血」'86
カラックスは26歳でこれを撮った。
アレックスはカラックスの本名
撮影 ジャン・イヴ・エスコフィエ
グッド・ウィル・ハンティング
ガンモ
ジュリー・デルピーとの森のシーンの
移動撮影がみごと
赤いセーター
赤いイス
赤いケース
(トランプ)
バイクの2人乗りのスピード感…
父の替りに仕事…
アレックス リーズ
青いカーディガン
アンナ 赤 ショートカット
この衝撃的な登場の赤
頬もほんのりと赤
24分
STBO…レトロ・ウイルス。愛のないSEXで伝染。
ワクチン…
強盗
無表情…
パラシュートで飛ぶ時も全身赤。
32分 2人のパラシュートのシーン

2011年、ジュリエット・
ビノシュさんとの対談
に向けた準備ノート。

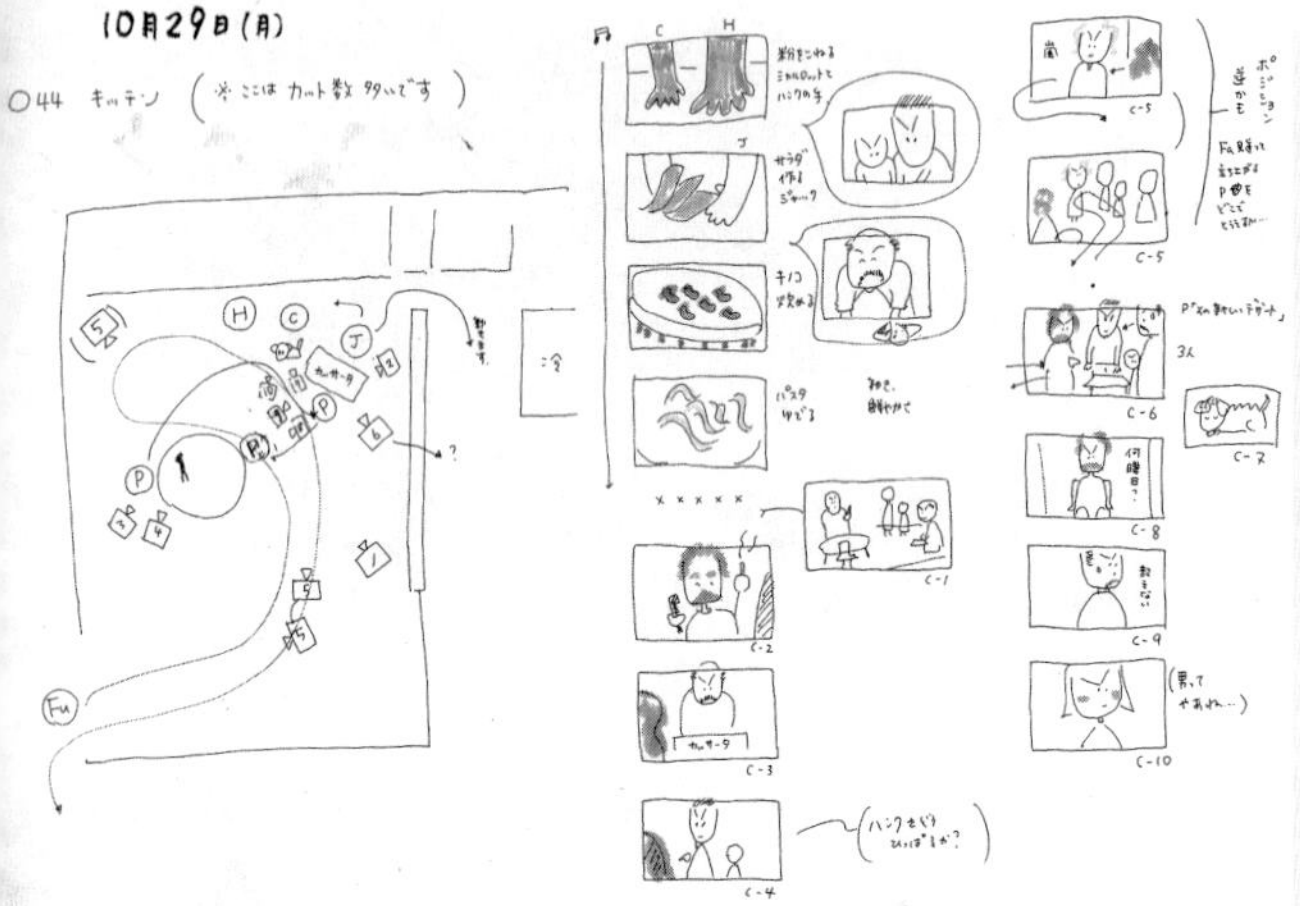

台所で手料理を作る男たちのシーン。嵐のようにファビエンヌがやってくる。

女優の一代記
ホームドラマだよ。
母、娘、孫。物語
テラス
演じるって何?
マノン
ややシルエット

ポスターデザイン案。

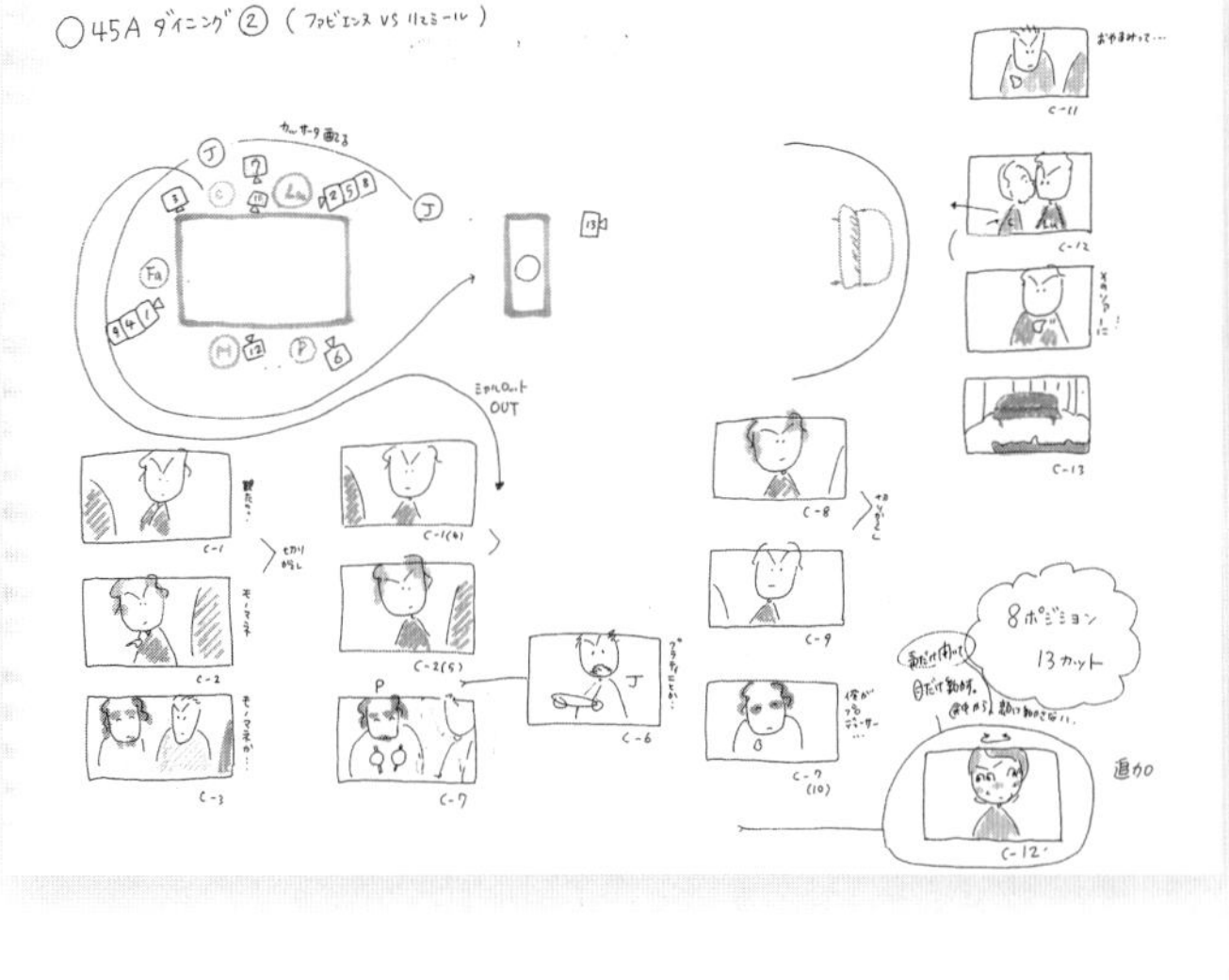
45A ダイニング② (ファビエンヌ VS リュミール)
8ポジション 13カット
追加

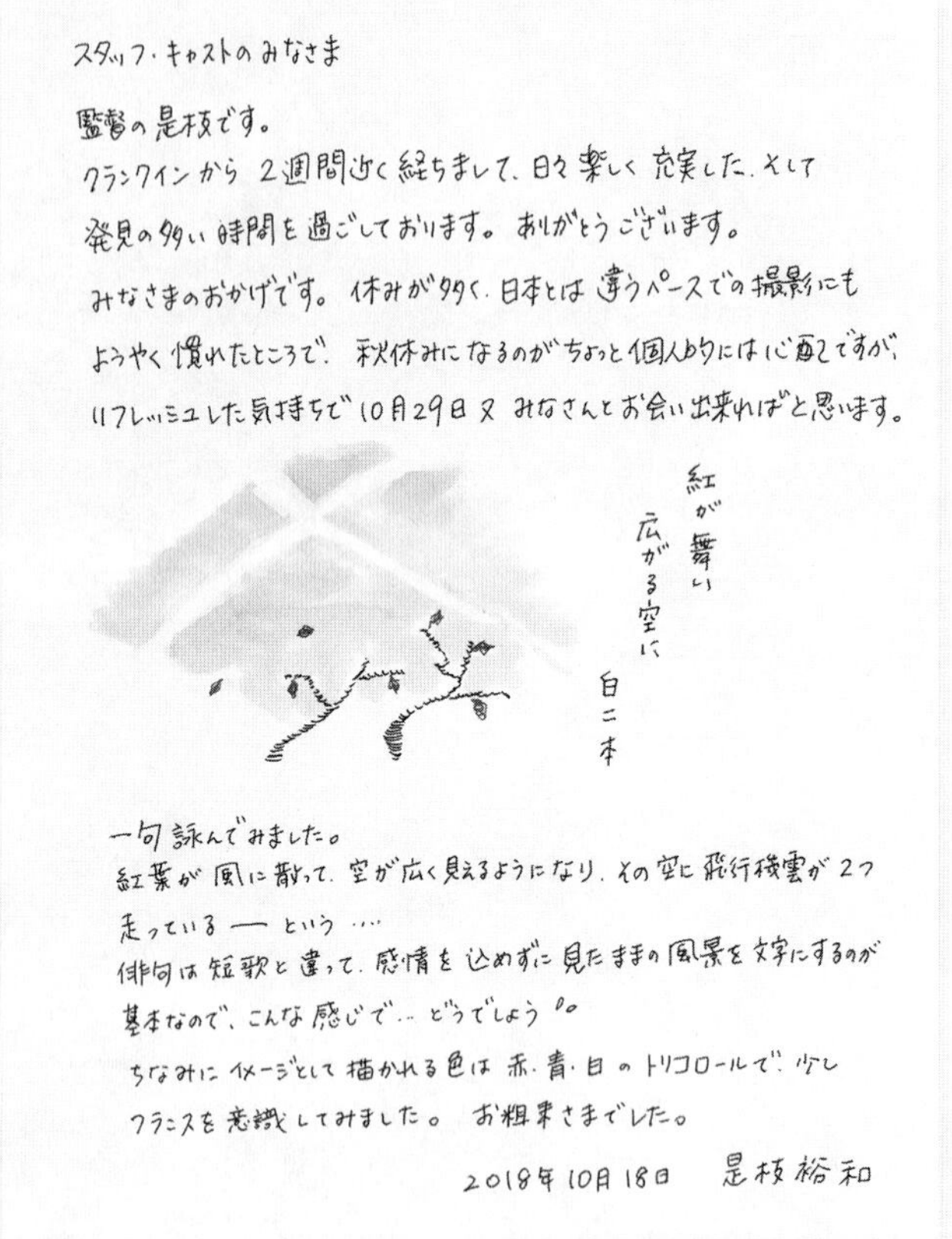

スタッフ・キャストのみなさま

監督の是枝です。
クランクインから２週間近く経ちまして、日々楽しく充実した、そして
発見の多い時間を過ごしております。ありがとうございます。
みなさまのおかげです。休みが多く、日本とは違うペースでの撮影にも
ようやく慣れたところで、秋休みになるのがちょっと個人的には心配ですが、
リフレッシュした気持ちで10月29日又みなさんとお会い出来ればと思います。

紅が舞い
広がる空に
白二本

一句詠んでみました。
紅葉が風に散って、空が広く見えるようになり、その空に飛行機雲が２つ
走っている――という…
俳句は短歌と違って、感情を込めずに見たままの風景を文字にするのが
基本なので、こんな感じで…どうでしょう。
ちなみにイメージとして描かれる色は赤・青・白のトリコロールで、少し
フランスを意識してみました。お粗末さまでした。

2018年10月18日　是枝裕和

スタッフ・キャストへの是枝監督からの手紙。
エリックの勧めで詠んだ俳句も記されている。

『真実（仮）』スタッフ・キャストのみなさま

短い秋があっという間に過ぎ去って、雪の心配をする季節が
突然やって来ました。是枝は今日、厚手のセーターとくつ下と、
帽子を買いました。

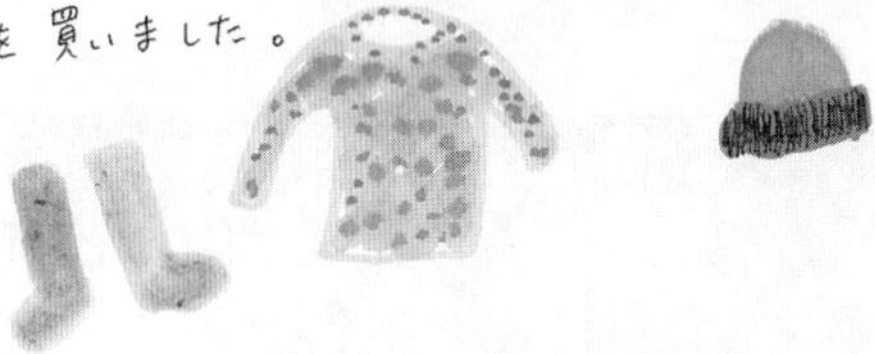

さて、家での撮影も無事に終って、いよいよ、来週からは
エピネでの撮影が始まります。もう終盤戦ですね。
今のところ…本当に素晴らしいキャスト、スタッフ、そして
天気にも恵まれて、監督はとても満足のいく毎日を
送っています。ありがとうございます。寒さのせいで少し
腰を痛め、毎朝スタッフに心配されて情けないのですが、
何とかゴールまで走り切りますので引き続き
よろしくお願いします。

『真実』スタッフ・キャストの集合写真。

2018／9／4

テルライド映画祭への参加を終えて、パリへ戻る。キュアロン、チャゼル、エマ・ストーンさんらと会うことが出来た。

来年の本国のアカデミー賞外国語映画賞へ向けてのキャンペーンのスタート。アカデミー会員の偉い人たちや、よくわからない偉い人たちを次々と紹介され、ご挨拶。選挙活動のようなものと考えて、面白がるしかない。映画作りとは本質的にはなんの関係もない。

家を決めないと美術の準備が進められない。インまで1カ月。緊急事態である。

仕方なく先に劇中劇のセットの話をリトンと進める。セットはライティングを変えたいとエリックから提案がある。

9／6

結局ひとめぼれした14区の一軒家の撮影許可がおりたとのこと。ホッとする。

地下鉄の描写、庭に地下鉄の音が響いてくることをめぐるやりとり、戻す。

13時半。

マノンさん衣裳打ち合わせ。すでに衣裳のパスカリーヌさんとは何度か会っていてフィッティングも試している、と。フランスでは初回から監督が立ち会うことはあまりないらしい。

アラン・リボルさん衣裳打ち合わせ。

自分の役の名前が新しい脚本だとフランソワになっているのだけれど、以前のリュックのほうがしっくりきていたので……と遠慮がちに提案。

クレモンティーヌ、衣裳打ち。

「髪は切らないで」

と先制攻撃。

「なんで?」

「前、ボブにしたら似合わなくてお兄ちゃんに笑われた」

「わかったよ。夏休みは何してたの?」

「さっきもう話したからあの人(衣裳のパスカリーヌさん)に聞いて」

と面倒くさそうに。

「夏は海に行った」らしい。

この感じ。ドヌーヴさんに通じる。役として活かせると、ファビエンヌの性格が隔世遺伝で孫にという設定に出来そうだ。黄色がとても似合うので、彼女のメインカラーにする。

9／7

10時半。
スタッフによる本読み。
日本でも必ずやるのだが、出来るだけスタッフに集まってもらって、配役を決めて、台本を頭からお尻まで読んでもらう。書いた本人としては音にして(特に今回はフランス語なので自分で読めない)、他人の声として聴くことはとても大切だし、スタッフにこの映画の世界観を共有してもらうためにも重要な行事。

1日目　20分
2日目　26分／計46分　長いか……。
3日目　20分／計66分　ここで60分を切りたい。母と娘の対立があらわになるまで60分を超えたくない。
4日目　16分／計82分

5日目　10分／計92分　ここはラストの山場へ向かう一歩手前なので短くてOK。
6日目　20分／計112分
7日目　5分／計117分

本読み後、参加者から感想を聞く。

福間　ハンク、リュック、ピエールの役どころ面白い。男たちのやりとりをもっと聴きたい。
ミュリエル　母と娘の話をもっと増やしたほうがいい。男達はこの話にとってはアクセサリーだから。劇中劇がわかりやすくなった。ジャックに恋人がいるなんてファビエンヌが可哀想。
エリック　男性たちのシーンあってこその女たちの物語だと思う。小さな役も大切にしているのが良い。
ビルジニー（スクリプター）　個別にあとで話します。
ジョアンナ（AP）　こうやってみんなで脚本に意見を言っていいものかどうか……疑問。

スタッフ本読みを受けての直しの方向性

ハンクとシャルロットの2人のやりとり。2回ある。

セットの中庭と公園。多いか……。

ミュリエルの指摘するようにここは「息抜き」ではないつもりなのだが。


3日目までの分量が多い。

5日目のラストシーンを母から娘に変えた。

母のひとりのシーンを加えなくて大丈夫か。


マノンがどういう女優なのか輪郭をもう少ししっかり。

5日目からみなが誰かそこにいない人のことを考えている——というテーマが明快に浮上する。

それは悪くない流れである。


6日目のファビエンヌとマノンの対決（演技）シーン。

思い切ってoffという判断もありか。

9／9

劇中劇のセット美術の打ち合わせのために映画を何本か。

『アルファヴィル』⒄⒇

『眠れる美女』(173)

『わたしを離さないで』(174)

やはりこの美術や衣裳のレトロ近未来感はセンスが良い。

『エクス・マキナ』(175)透明な胴体。

『月に囚われた男』(176)

クローンに芽生える愛郷心（パトリオット）の話。好きなモチーフ。

『遊星からの物体X』(177)

参考にはならないが、やはり面白かった。

『ある日どこかで』(178)

『ラ・ジュテ』(179)

『プリデスティネーション』(180)

9／10

カトリーヌさん衣裳合わせ。

自宅近くのホテルで。正味60分くらいの間に吸った煙草は12本。記録として写メを撮る。帰られた後、窓を全開にして換気。

これは現場がたいへんだ。

9／11

どうやらまだ最終決着していないらしいのだが、家の下見をエリックたちと。

家主のご夫婦にごあいさつ。

会った瞬間、2人のネガティヴな状態を察知したが、逃げるわけにもいかない。ファーストシーンで使おうと思っているお気に入りのテラスのソファに座ったとたん、ご主人が喋り出す。

「私たちは別にもっとお金が欲しくてゴネているわけではない。そのことをどうしても今日監督に直接伝えたかったんです。あなたの作品は何本も観ています。この家をカトリーヌ・ドヌーヴの家としてあなたに撮影していただくなんて住人一同みな喜んでいるんです。ただ、あのプロデューサーの人間性に私たちは腹を立てているだけなんです。あの人の態度は誠実でない。ちゃんと私たちの話を聞こうとしない。（どうせ金が欲しいんだろう）という軽蔑が見える。それが許せない」

両者の言っていることがまったく違うので、正直判断しにくいのだけど、撮影させていただく側が、事実はともかく、こんなふうに思われてしまっている時点で失格である。たしかに、ミュリエルは、言葉や態度がぶっきらぼうでスタッフとぶつかる。（私はこういう人間だから、こういう言い方しか出来ないの）とよく言うが、それははたしてトップに立つプロデューサーに許されるのだろうか（監督にも許されないと僕は思ってるけど）。たしかに脚本への指摘は、言い方はともかく的確だし、優秀なのにもったいないな、と思う。

午後エピネ下見。
リトンからセット模型を見せてもらう。

深夜。ホテルでバスタブにつかっていたら、開いていた扉の隙間から蒸気がもれたらしく火災報知器が鳴ってしまう。

深夜1時半。たいへん申し訳ない。

駆けつけた顔見知りのフロントマンに身振り手振りで説明し、頭を下げまくる。

9／12

9時起床。

朝、車のシーンの画コンテを描く。エリックは嫌いだと言っていたが念のため。言葉が通じないことを補う目的。

午後、犬のオーディション。楽しい。

オルリー空港下見。

盛りだくさん。

9／17

朝9時羽田。昨晩ファビエンヌとマノンのお芝居の台詞を思いつく。「海へ行きたい」「2人で」という、サラの死因につながるひと言をファビエンヌが口にする。

希林さんのお通夜に行き、今からパリに戻る。

機内でまた脚本を少し直す。

トリュフォーの『柔らかい肌』(181)。

ヒッチコック的なカット割り。回される電話のダイヤルのUP。

サスペンス調だが、物語はラブストーリー。

9／18

滞在中に一度くらいハンクはリュミールと夫婦喧嘩をと思っていたが、アイデアを思いつく。

ディナーで珍しく酒を飲んだあと、ファビエンヌと役者同士仲良くしているのを目(耳)にしたリュミールに、チクチクとからまれる。

その時に
「なんで俺をここへ連れてきたんだ?」

とハンクがリュミールに言う。

「ママに勝つために俺を連れてきたんだろう」と。

ここでリュミールは自分でも気づいていなかった里帰りの本当の目的に気づくのだ。

良い直し。

「俺なんか連れて来たってママには勝てないよ」

このひと言でハンクの哀しさも見えてくる。

カメラマンのエリックがアラン・レネ(182)と仕事をした時のこと。

レネは「SEXはその行為そのものではなく、そこに至る前と後が面白い」と言っていたそうで、ああビフォーとアフターなんだな、やはり、と膝を打つ。

「キャスティングは声だ」とも言っていたそうで、たぶん、それを伝えるというのは僕自身の脚本や仕事の仕方に何かしら共通点を感じてくれているのかもしれない。だとしたら嬉しいのだけれど。

9/20

9時半。

ビノシュさん打ち合わせ。

自宅を通訳のレアさんと訪ねると寝ていないのか、憔悴しきっていてとても打ち合わせが出来る状況に見えなかった。前の作品のクランクアップがずれ込んでこちらの準備が間に合わないと落ち込んでいる。カトリーヌさんとの共演にかなりナーヴァスになっている様子。

脚本は読んでくれていた。

「母との衝突はもっと表現してもよかった……。記憶力があんまり良くないので、脚本をあんまり変えられると正確に覚えられないわよ。前日とかじゃ無理。2週間は欲しい。イギリスの俳優はそういうの得意な人が多いみたいだけど……」

ビノシュさんが飼っている猫が側に来て座る。頭をなでながら、表に出たまま何日も帰って来なかった時の話をする。

「ドルレアック(183)のことをカトリーヌには聞いたの?」

「いえ。具体的には……」

ドルレアックは若くして自動車事故で亡くなったカトリーヌさんの〝姉〟。当時カトリーヌさんと同じく女優をされていた。

今回の物語の中には若くして亡くなった主人公の友人でライバルの女優という設定があるので、どうしても、その実話と結びつけて考える人はいると思うが。ビノシュさんもそのことを気にしているようだ。

カトリーヌさん本人からは「この主人公は私とは全然違うから」とまったくクレームのようなことはない、と伝える。

話しているうちに顔色が良くなってきて、通訳のレアさんと顔を見合わせてちょっと安心。

「リュミールの役割は出産させることね。母の中にある罪悪感やわだかまりを表に出す仕事」

「ハネケ監督はお母さんが女優で、叔母さんに育てられてるのよ。私と亡くなったサラの関係はそれに近いのかもしれない……」


「この母親は母を演じる役作りのために私を産んだのかもしれないと、リュミールは感じてるかもしれないわね」

これは鋭く面白い指摘だった。

「幼い頃の傷にあえて飛び込むのが役者の仕事。これを経ないと役に入り込めない」

これはまさに役作りに感情記憶を利用する〝メソッド〟と言われるやり方だ。

「傷を利用して芸術に吹き込む。経験したことを変身させる」

「その変身は何によって起きるんですか？」

と聞いてみる。

「それは脚本を通過して。そうして役者と役が交差する時にマジックが起きる」

非常に論理的に役者の仕事を捉えているけれど理屈っぽく聞こえないのはやはり本人の実感から言葉が出てきているからだろう。

「カトリーヌは役と人生を分けている印象がある。マストロヤンニもどこか『たかが映画』と思っているところがあって素のまま現場に行けば、なんとかなると思っているところがあった」

「そこにはいないサラの存在をどう具現化するかが一番の課題ね」

と、これは自分にとってなのか、映画にとってなのか、判断がつかなかったが、確かにその通りだと思う。

プロデューサーのミュリエルからアシスタントプロデューサーを辞めさせるという話を聞く。舞台になる家との契約の交渉もままならないし、このタイミングでまだ撮影中の食事を担当する会社も決められないからと理由の説明を受けたが、これはさすがに受け入れがたく、通訳のレアさんを介してだが、強く反論する。

クランクインまで2週間を切った段階で今まで半年一緒に働いてきたスタッフのクビを切るというのは、現場が動揺するのでやめてほしい。そもそも彼女を信頼してスタッフィングしたのはあなたなのだから、経験が足りないなら彼女にサポートをつけるなりしてこの現場で育てればいいではないか？　家の契約に手間取って無駄にお金がかかったことを彼女だけのせいにするのは間違っている。

彼女は、本読みの時にズケズケと言う（言ってかまわないと僕は思っているけど）ミユリエルに対して、ネガティヴな意見を言った人だった。

僕なりには言葉は尽くしたつもりだったが、彼女は「育てる余裕などないし、高いギャランティを払っているのだから、プロの仕事をしてほしかった。ラインプロデューサーの人事権は私にあるので私が決めさせてもらう」

という結論だった。

そりゃそうだろうけど、こういう状況でプロデューサーが「立場」以上に説得力のある言葉を吐けないで「権利」を主張するというのは本当にガッカリだ。

まぁそういうプロデューサーも初めてではないけれど。

それは「俺が監督なんだから俺の言うとおりにしろ」と、現場で監督が演出や言葉ではなく「立場」で役者やスタッフを屈服させる行為と変わらない。

そのことによって監督のちっぽけな自尊心は守られるかもしれないが、その代償として失われるものは計り知れない。

監督としては何より作品を守ることが一番大切なので、そのことだけは念を押して、ここは残念だけど引くことにした。しかしこうなると

「もうこのプロデューサーとはこれっきり」

と思うしかなくなる。どんなに優秀でもね。クランクイン前に、そのような境地に至ってしまうのはかなり残念ではあるが、仕方ない。

明日から大好きなサン・セバスティアンの映画祭（184）へ。2年前は希林さんと一緒だった。

忙しくて目の前に起きることに対処していくだけで日々が過ぎるから、希林さんがもういないのだということを忘れている瞬間がある。

だけど、今はまだどう消化して昇華したらいいのかわからないからそれでいいのだろう、むしろ。

僕は家族ではないのだから、そうではない悲しみ方、見送り方、語り方、受け継ぎ方を節度を持ってきちんと模索しないといけない。

9／24

キャスト本読み。スタッフみな緊張している。

サン・セバスティアンの映画祭からとんぼ返り。メインキャストも、この日に合わせてなんとかスケジュールを空けてくれた。ありがたい。これが出来るか出来ないかは、僕にとってはもちろんだが、スタッフ・キャストにとって大きいはず。特にマノンや、脇のキャストにとっては、作品全体のテイストをつかむには良いチャンスなのだ。

リュミールの娘役のシャルロットはクレモンティーヌではなく監督助手の庭野月伯《つくは》さ

んにお願いする。今回も子どもは日本と同じやり方で現場で初めて台詞を口伝えすることにした。とはいえ、通訳のレアさんを介してということになるが。

本読み終了。カトリーヌさんがなかなか来なくてハラハラしたが、素晴らしかった。

カトリーヌさん、ビノシュさん、マノンさんの声のアンサンブルはうまくいった。それぞれの声の特徴を活かしてトライアングルを形成できていると思う。


登場しないサラの存在をみながどう意識しながら感じるか。

カトリーヌはそこに存在しないサラを見て、ジュリエットは聴くわけだが、まずその違いをきちんと脚本に落とし込むことが出来ているか。再度チェックしよう。

カトリーヌさんから、提案。

フランスではMARRAINE（マレーヌ）という母親がわりの存在を表す言葉があるんだけど、サラをリュミール（ジュリエット）のそれにするといいんじゃないか。そうすれば彼女がこの母と娘にとって友人以上の存在だったこと、この家の内側に深く関わっていたことに納得出来る。

9／27

脚本直しに区切りをつけて、今日は希林さんの葬儀で、橋爪功さん（185）に読んでいただく弔辞を書く。

『真実《ラ・ヴェリテ》』は明るい映画にしたいな。

読後感の軽い。苦味は残るが、関係の修復に希望が感じられるような。

9／29

マノンと一緒に野田秀樹さん(186)の『贋作 桜の森の満開の下』(187)を観にいく。初演以来だから何年ぶりになるのか。

素晴らしかった。元号が変わるこのタイミングでまた、この作品に再会するという偶然も作品の持つ力の一部。

鑑賞後マノンが、「深津さん(188)の声も動きも素晴らしくて彼女から目が離せなかった」と。

終演後。楽屋で野田さんと深津さんにごあいさつ。

深津さんの希林さんの思い出。

「デビュー間もない頃、修学旅行と撮影日が重なってあきらめていたら希林さんがプロデューサーにかけあってくれて『一生に一度なんだから修学旅行に行ってらっしゃい』

と言ってくれたんです」と。2人でちょっとしんみりとしてしまった。

9／30

弔辞を書き終えて、今日はクランクイン前最後の休日。

意識的にスイッチをオフにする時間を作る。

風呂にゆっくり入り、遅い昼飯。

午後は明日からの立ち稽古に向けて
・シーンごとの人の動かし方
・ディナーシーンの画コンテ

ホテル、ファビエンヌの自宅のロケ地近くへ引っ越し準備。

「昔、ルイス・ブニュエル監督が定宿にしていたところだよ」とエリックが教えてくれたのだが、フロントのスタッフに聞いたら知らなかった。入り口近くの部屋を編集室に模様替えし、スタッフの出入りを自由に。

奥の寝室は狭くて寝るだけになりそうだが、窓からモンパルナスの墓地が一望できる。今はまだ緑一色だが、紅葉が始まったらきれいだろう。

10／1

リハーサル初日。実際のロケ場所で立ちげいこ風に動いてみる。

ビノシュさんは、出演作の映画祭での上映に立ち合う予定をキャンセルして参加を決めてくれた。「アサイヤスが怒ってたわよ」と笑いながら現場入り。冗談であってくれることを願う。

ビノシュさんとファビエンヌ（カトリーヌ）のパーソナルアシスタント役リボルさんのシーン。

リボルさん、僕からの指示が多くなるとしばしば演技や台詞が飛ぶ。台詞はカップルの投げキッスを待ってから、というのが待てない。撮り方を工夫しよう。

アドバイスは以下の通り。

動作がセカセカしないように頭の中に常にクラシックの音楽が鳴っていると思ってほしい。

リュックの理想とするモデルは英国紳士。

太極拳のような重心の移動。

というヒントを与える。

カトリーヌ+ジュリエットの中庭のシーン。

自伝本『真実』を読んだ後の最初の母と娘の衝突。

ジュリエットの怒りが強い。

「抑えてみて」と伝えてもなかなか変わらない。

ジュリエットは「嘘を書かれたのだから怒って当たり前だ」と。

いや、まだだ。ここは2日目の朝だから怒りはまだあとにとっておかないといけない。

説明する言葉が難しいな。ここは「感情」ではなく「理性」で怒ってほしい。

学級委員が席に着かない生徒を怒るような。

たしなめる感じでいい。〝正しさ〟を背負ってくれ、と次の機会に伝えよう。


昼食時。

カトリーヌさんが壁にかけられた絵を指して
「なんでクジャクなの?」と。

今回は登場人物一人ひとりに動物のイメージを重ねていることを説明。

カトリーヌの眼が子どものようにキラキラする。

「イーサンは何?」

「ワシです」

「キツネがいいわね」

「ジャックは?」

「熊」

　納得したようにうなずく。

「リュックは?」

「ウサギです」

「で…ファビエンヌが……」

「クジャクだと思ってたんですけど……」

　衣裳のパスカリーヌさんと打ち合わせをした時も、今までの役やパーティなどでカトリーヌさんが着ていた服やドレスの写真をパソコンの画面に見ながら、ファビエンヌの基本の色は緑にしようと話していて、だったらクジャクだな、と。

　カトリーヌさんの顔が露骨に曇る。

「クジャク大嫌い」

　一瞬、場が氷る。

「シャルロットは?」

「シャルロットはリスなんです」

「私もリスがいいわ」

「……」

「リス2匹じゃダメなの？」

「考えてみます……」

何だろう、この子どものような、わがままとも違う素直さは。75歳カトリーヌ、手強い。

夜。ホテルの引っ越し。

引っ越し先のホテルでイーサンに手紙を書く。

—

親愛なるパートナー　イーサン・ホーク様

先日の本読みはお忙しい中、駆けつけていただいて本当にありがとうございました。

とても楽しく有意義な時間でした。

みなの声のアンサンブルを耳に入れながら、この作品全体のトーンやリズムをしっかりとつかむことが出来ました。

あの場でイーサンさんはじめ、役者の方々から上がった疑問の指摘やアドバイスも実に的確で脚本のリライトの方向性の大きなヒントになりました。

さらにイーサンさんからいただいた手紙を繰り返し読みながら、今回の脚本執筆に向かいました。

クリア出来たもの、とても面白くなったところ、課題のまだ残っているもの、それぞれいくつかあるのですが、1歩前へは進めたのではないかと思っています。

変更点ですが……

○シーン2のハンクの下品な発言。
ご指摘よくわかりました。ちょっと現場でやってみて……検討させてください。すみません！

○5B「見習わないと――」
シャルロットは野菜が嫌いでいつも「野菜を食べろ」と言われているんです……わかるかな？　この説明で。

○7　中庭で話していた家政婦さんの話はこの寝室に移動しました。アイロン台が置いてあったり、部屋がなんとなく雑然としているのを見て、ハンクが口にする、という流れです。

○12　（飲まないでよ）
（わかってる）
はジェスチャーです。わかりにくてすみません。

○18　2日目の朝の会話
ジャックがクラウディアと会うシーンをうしろに下げたので話題を変えました。

○34　この日、買い物に行かないことにしたかわりにハンクがリビングで、紙の劇場を直そうとして壊してしまうというシーンを加えました。嫁の実家ってすることがないんですよねぇ……その感じがうまく出るといいなと。辞めると言うリュックを、リュミールが止めようとするのを目撃します。

○38B　2日目に入っていた買い物は、3日目の午前中に移動しました。ジャックと先生は、まだ一線は越えておりません。

○46　ハンクとリュミールのディナーのあとの寝室のシーンの前にハンクとファ

ビエンヌがリビングで「おやすみ」のハグをする。そこで「明日、見学行きます」と酔った勢いで約束する。その仲の良い感じをリュミールが部屋で聞いていて、嫉妬する――というシーンを加えました。気に入ってます。これがあるとその後の寝室のやりとりの中でリュミールが「私のかわりに行け」と言い、ハンクが、リュミールがここに自分を連れてきたいと思った動機について話すという流れです。

○51

イーサンのアイデアとはちょっと違う着地になってますが……翌日のセット訪問のフリにもなっていて良いのではないかと思っています。

ということで車内のやりとり変わってます。

ハンク居心地悪い感じです。でもきっと内心は見たかったんだと思いますよ。同じ役者として。

○52

セットの中でハンクはリュミールとファビエンヌの芝居について言葉を交わすことにしました。

○53

「フリーダム」いただきました！

○57　ここで弾くのはママの「ファビエンヌのテーマ」です。リュミールが今書こうとしている、ファビエンヌがリュックと仲直りするための脚本のＢＧＭです。お願いしていいですか？

○65　ダンスのシーン。ハンク、下手なフランス語にしました。ありがとうございます。

○68　寝室でのハンクの父についての話は、イーサンのアイデアも含めいろいろ試せればと思います。お父さんの仕草、ぜひ。

○73　ハンクとシャルロットのシーンは池のある公園に変えました。ラストの台詞はイーサンのアイデアを参考にしました。

以上です。

直前になってしまい申し訳ないのですが、明日からのリハーサルもよろしくお願いします。楽しみです。

10／1　是枝裕和

10／2

リハーサル2日目。

朝カトリーヌさんからハガキを一枚渡される。名前入りのリスのポストカード。「ほら、ピンクのリスが可愛いでしょ」と。私のイメージは昔からリスに決まっているの、と言わんばかり。

昔からファンレターの返信などに使っていたらしい。

すごい。7歳のクレモンティーヌへの対抗意識が可愛い。仕方ない。リス2匹にしよう。

台所での、母と娘の再会のシーン。

なるべく人を動かして停滞しないように。

クレモンティーヌはここでの役割がキスするだけで台詞もないとわかったら
「退屈」

と飽きちゃった様子。

「じゃあ、いいよ。どっか別の部屋で待ってて」

と話したら一度表へ出たのにしばらくしたら自分から部屋を覗いて、

「戻る？」と。

なるほど。こういうタイプか。


シャルロットがファビエンヌの髪をとかすシーン。細かい言葉のキャッチボール。台本は渡さずにその場で台詞を渡す形。きちんと相手の言葉は聞けている。危惧していた点はクリア。集中力はあるし、ナチュラルに出来そうだ。

イーサンは、

「なぜ翌朝僕はこの男たちと台所にいるのかな？　男たちの話に興味はないよね？」

「ディナーの途中でシャルロットに『おやすみ』と言うのはどうして？」

と、ひとつひとつ自分の台詞と行動を確認。

きちんと説明すれば納得してくれる。とても助かる。僕自身の役への理解も深まる。

10／3

リハーサル3日目。

モンスリー公園(189)へジュリエット、イーサン、クレモンティーヌ。家族の時間。

子ども用のメリーゴーラウンドに乗って。

池のほとりでクレープを食べる。

クレモンティーヌにイーサンの耳元でささやいて
「私が生まれた時うれしかった？」

と聞いてもらう。

おそらくイーサンは自分の娘が生まれた時の実体験を思い出しながら、へその緒を切った時のことを話し、クレモンティーヌのお腹をくすぐる。

ささやきを反転させて、大人に向ける作戦。

10／4

クランクイン。とりあえず2日だけ撮ったら3日休みというとても楽な出だし。助走のような感じ。

オルリー空港にリュミール一家が到着するシーン。空港の全面協力で撮りやすい。荷物が回っているレーンを丸ごとひとつ撮影で使わせてくれる。イミグレーションのスタンプを押すところも撮れますよ、と言われたのだけど、これはさすがに遠慮した。たぶん撮っても編集でカットだ。日本ではありえないな。

フリートークが長くなると、どうしても言葉の応酬になるので気をつけよう。シャルロットがカートを押しながら2人のもとにやってくるカットは、タイミングを変えながら8テイク重ねたが、シャルロットが座って空港を出ていくシーン。ハンクの押すカートの荷物の上にシャルロットが座って空港を出ていくシーン。隣にもう一組同様の家族を用意して、レースのように競走してもらうと、クレモンティーヌの表情がとても活き活きし、「クイッククイック」と自分から言い出す。この負けず嫌いの性格は祖母譲りか。うまく設定に活かそう。

10／5

家族3人が母の暮らす家に向かう車のシーン。とにかくイーサンがうまくシャルロットを転がしてくれていて助かる。

車内で立ち上がったシャルロットの背中に手を添えてくれとジュリエットに指示する。

る。

「ちょっと母親らしさを足すわけね」

とジュリエット。

自分以外のものへの意識を少しプラスして、自分へ向く分を少し削いでいく必要がある。

庭を歩く3人。シャルロットが亀のピエールを見つけて駆け寄り、ハンクも立ち止まる。

3人が2人になり、リュミールひとりで終わるシーン。

家をじっと見上げながら、亀のえさについて聞かれ「レタスよ」と叫ぶ。このシーンのビノシュさんが抜群に良かった。ひとりになってフッと表情が変わりこの家で過ごした18年間の、あまり幸せではなかった過去の時間のようなものが彼女の中に浮上したのが、手に取るようにわかった。

なんだろうか、この強さは。一瞬にして、シーンを支配した。眼差しが強いのか。沈黙がもっとも雄弁。カラックス(190)が『ポンヌフの恋人』(191)で彼女の片眼を塞ごうとした気持ちがなんとなくわかったような気がする。

10／6

撮休。撮影は1日8時間延長無し。8×5で週40時間労働。土・日は完全に休み。このペースに慣れなくてはいけない。

完投できるのに100球で交代を告げられるピッチャーはこんな気持ちなんだろう。しかし、健全であることは間違いない。これならシングルマザーも映画の仕事が出来る。

この国では日常の地続きに映画がある。観ることも、撮ることも。日本は良くも悪くも祭りで儀式。イン前にお祓いしたり。

こちらはサッと準備してパッと撮ってしまう。

スタッフが通行人から「邪魔だ」と罵声を浴びることはない。20時前に終わって、スタッフはみな家に帰って、家族と晩ご飯を食べる人が多い。「寝食を共に」という価値観は肯定的には存在しない。

日本みたいに朝・昼・晩・夜食と4回も一緒に弁当を食べることはありえない（残業代が高すぎる）。

今日は午前中編集ラッシュ。昼はボン・マルシェにマチューと月伯と行って、セーターを買った。昼は1階のピンチョスの店。午後は編集。30分仮眠。

夜はジュリエットさん同席でル・モンド(192)主催のディナーへ。

今日はレアさんがいないので通訳は監督助手の浅野マチュー君。緊張している。

今のところ撮影現場でのキャスト・スタッフとのコミュニケーションがスムーズにストレスなく出来ているのはなんといっても通訳のレアさんのおかげである。

レアさんとは4年程前にモロッコのマラケシュ映画祭(193)に参加した時に出会った。

僕のように日本語しか出来ない人間にとっては通訳の存在というのは本当に大切で、何らかの行き違いや、スケジュールの問題で、想定外の通訳の人が来てしまった時の惨状は、もう思い出すだけでも哀しくなるか、笑ってしまうか、どちらかだ。

数年前にカナリア諸島の映画祭(194)が、僕の映画の特集上映を企画してくれた時のこと。僕の通訳を担当してくれたのは普段は漁業の仕事をされていて、日本のマグロ船が寄港した時に通訳をされている方で。まあ……人間的にはとても面白い方ではあったが、映画はまったく門外漢でもちろん僕の映画は観たことがなく、映画の作品のタイトルや監督の名前も、なかなか翻訳できず参った。申し訳ないと思ったのか最終日に自分が働いている港までドライブに連れていってくれて、そこに寄港していた大型のマグロ漁船の中を案内してくれた。今振り返るととても良い思い出だ。

レアさんに話を戻す。

マラケシュ映画祭は、日本映画の特集だったこともあり、かなりの量のインタビューを現地では受けたのだが、レアさんは僕が、2分喋ろうが5分喋ろうが、まったくメモをとらない。それでいて、話すリズムを肌で感じていると、これはおそらく僕が喋った話の流れをそのままフランス語で再現出来ているなというのがわかった。

インタビューが終わって傍で聞いていたフランス語のわかるプロデューサーの福間さんに「どうだった?」と確認したら「信じられない。パーフェクト」と。「だよね。話してて気持ち良かった」ということで以降、僕の映画がフランスで公開される時、カンヌで上映される時、そして最近はフランス語字幕まですべてレアさんにお願いしている。

彼女と出会わなかったら、おそらく今回のフランスでのプロジェクトに取り組む決断は出来なかっただろうと思う。

このレアさんがいなかったパーティには、名前は忘れたが日本でいうところの元文部大臣の方も来ていてご挨拶したのだが、「彼は高校生が毎月美術館に行ったり映画を観るための〝おこづかい〟を国が支給することを決めた大臣だ」ということで。詳細は知らないが、さすが文化先進国、すごいことを考えるな、と思う。

10／8

あっという間に撮休の2日が過ぎる。
昨日は脚本直しをして本格的な撮影初日（9日）分の画コンテを整理。夕方から3時間寝て、夜中3時まで脚本直し。やや変則的。

今日は昼間ひとりでモンパルナスのガレット屋、プルガステルへ。ロケハン中に美術のリトンが教えてくれた店。「観光ガイドブックとかには載ってないんだけど、僕はここが一番好き」と。その言葉通りの美味しさで、この店のあるクレープ通り、ほかは4軒ほど浮気したが、結局この店に戻ってきた。もはや、馴染み客。顔を覚えてくれた店員さんが、（好きだね）という感じで微笑む。午後モンパルナスの墓地を散歩。ジャック・ドゥミの墓に手を合わせ「カトリーヌさんを撮らせて頂きます」と報告。彼のお墓には大きな松ぼっくりがたくさん置かれている。なぜだかわからないがなんだかとても、良い。

20時半。
フードスタイリストの飯島奈美さん(195)と打ち合わせを兼ねて食事。今回は彼女とポスター撮影の川内倫子さん(196)がわざわざ日本から参加してくれる。日本人シェフのフレンチ。とても美味しいし、量がちょうど良い。

台本を少し直し、シーン11のキッチンのシーンのカット割りを考える。

夜、ジュリエットさんに手紙を書く。母に怒りを爆発させるタイミングについて。

親愛なるジュリエットへ

先日のディナーであなたが壇上で話されたことは、レアがいなかったので話のディテールはわかりませんでしたが、あなたの表情と仕草から、今回のプロジェクトが希望に満ちたスタートを切れたのだという確信だけは存分に伝わって僕も嬉しくなりました。

引き続き今回の旅が刺激的でチャレンジングでありながら、同時に正しいゴールに辿り着くように努力しますので、よろしくお願いします。

少しずつ脚本を書いています。また撮影の合間でも週末でも時間がとれたらイーサンも交えて直接お話し出来たらと思います。

中庭で母に自伝の嘘について詰め寄るシーン19Aですが、ここの怒りを先日、学級委員が席に着かない不出来な生徒をしかるような——と伝えたのは、ここはまだ

「理性」で怒っているからだと思います。リュミールは。

段階を踏んで感情的な怒りが深まってMAXへ至りますが、ここはまだねばってください。

シーン30　階段でのマノンとのシーン。

少し変えました。マレーヌという言葉はマノンから出ることにしました。

母がすでにそのことを（自分の過去を）マノンに話していることをここで知ります。

シーン42、43　撮影所のテントでリュミールはマノンからサラとの関係について質問を受けます。

ここでママに髪を触らせなかった——というリュミールにとっては思い出したくない過去について触れられ、母への不信というかイラだちが強まります。理性から感情に怒りが移っていきます。

そして45Aのディナーへ。やはり母へ感情をぶつけるのはここをMAXに。

ただ、彼女の怒りは次第に「私がサラを救えたかもしれない」という自責の念へ至るようにしました。心に刺さったトゲは母への憎しみや怒りだけではなく、やはり、自分へ向かうことで複雑にしました。

「役者の気持ちはあなたにはわからない」と言われた直後に立ち上がりますが、彼女をここで動かしているのは「サラを救えなかった」「役者にならなかった」というふたつの後悔です。自分自身へ向けての。そのような反転を経て、酔ったハンクとのやりとりの中で、ある内省へ向かう——というプロセスです。

とりあえずここまで考えてみました。忌憚の無い感想をお待ちしています。

10／8　是枝裕和

10／9

カトリーヌさん撮影初日。映画の冒頭のテラスでのインタビューシーンの撮影。順調に終える。窓外から入る光が美しい。やはりこの家にして良かった。「誰のDNAを受け継いだか？」という問いに、ダニエル・ダリューと答えるところ。僕が台詞にしていた作品名について「この『輪舞』にこだわりがあるの？『うたかたの恋』に変えてもいい？」と聞かれ「どうぞどうぞ」と応じた。やはり役柄も含め、男に頼らない自立した強い女性像に対するシンパシーがダニエル・ダリューにはあるのだろう。

　それにしてもカトリーヌさんは、ひっきりなしに煙草を吸っている。「このシーンは吸っていいの？」と、止めなければカメラが回っていても隙を見ては吸おうとする。「このシーンは吸わないで」と言っても、「本番」と僕が声を掛けるまでは吸っている。「よーい」で消して、手でパタパタ。煙が散るのを待って「はい」と言うというなんとも綱渡りな撮影。

　しかし、煙草を吸う姿の恰好いいこと。僕は、煙は本当に苦手なのだが、吸うならこんな風に吸いたいなと思わせてくれる。

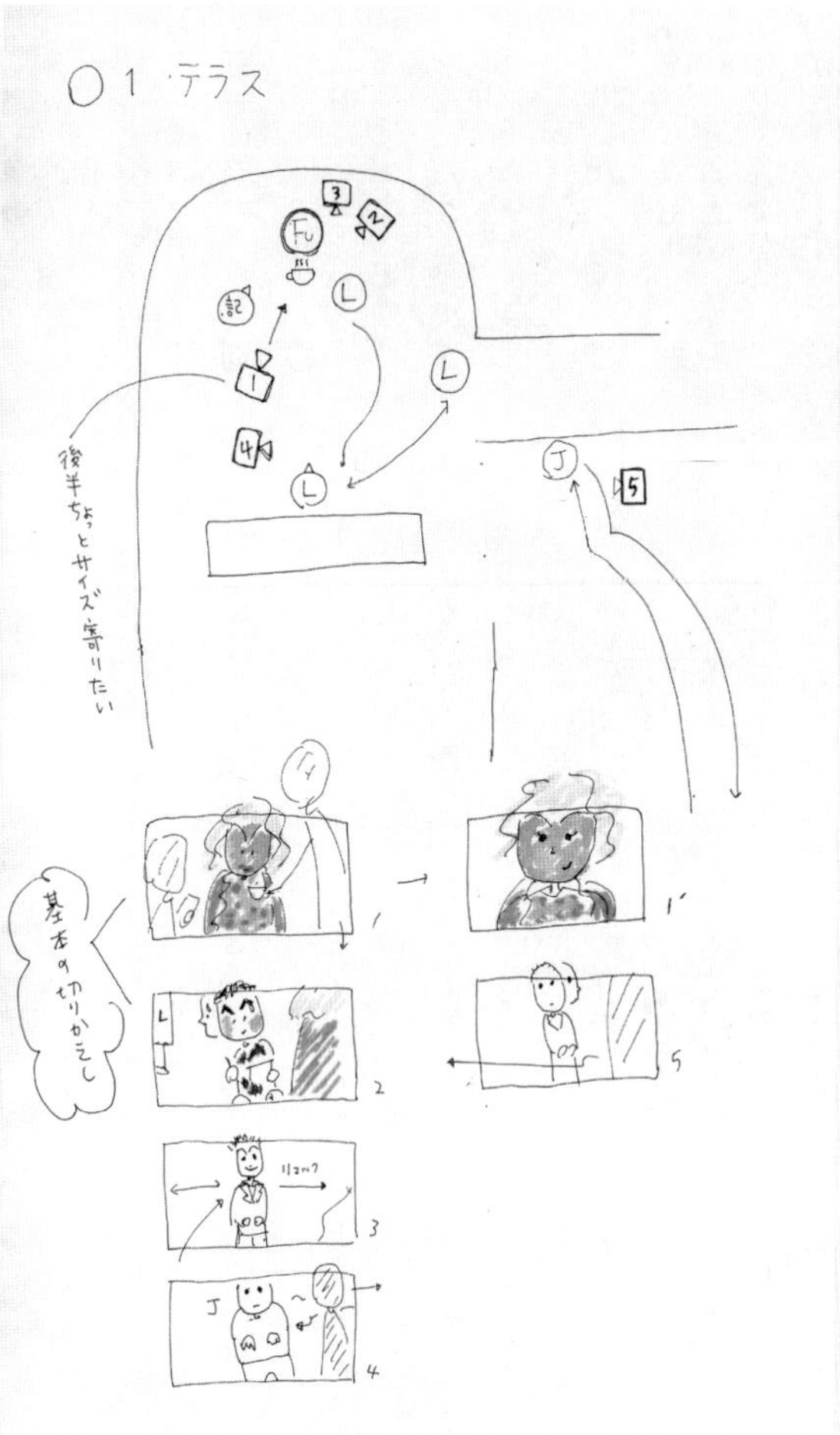
○1 テラス
後半ちょっとサイズ寄りたい
基本の切りかえし

10／10

朝（と言っても昼）、撮影現場に現れたカトリーヌさんに「昨日はありがとうございました」と挨拶したらいたずらっ子のように笑って、「今日の終わりにも同じように私に感謝してるかどうかはわからないわよ」。

これはいったいどういうニュアンスとして受け取ったらいいんだろう、とレアさんと悩む。

なんだろう、この、一挙手一投足から目が離せなくなる感じ。日に日に彼女のファンになっていく。今日はテラスの撮影の続き。

登場シーンのファビエンヌのインタビューで知り合いの女優について「もう死んでるんだから」と勘違いしたり、娘の夫に対して「役者っていうほどのあれじゃないけど……」と毒舌ぶりを発揮したり、どんなに悪口を重ねてもウェットにならないのは、カトリーヌさんが持っている明るい資質のおかげか。インタビュアー役のカペリュートさんがとても上手で、その緊張感と言葉づかいから、ファビエンヌがいかに大女優か、そして面倒くさい人間かがわかる。

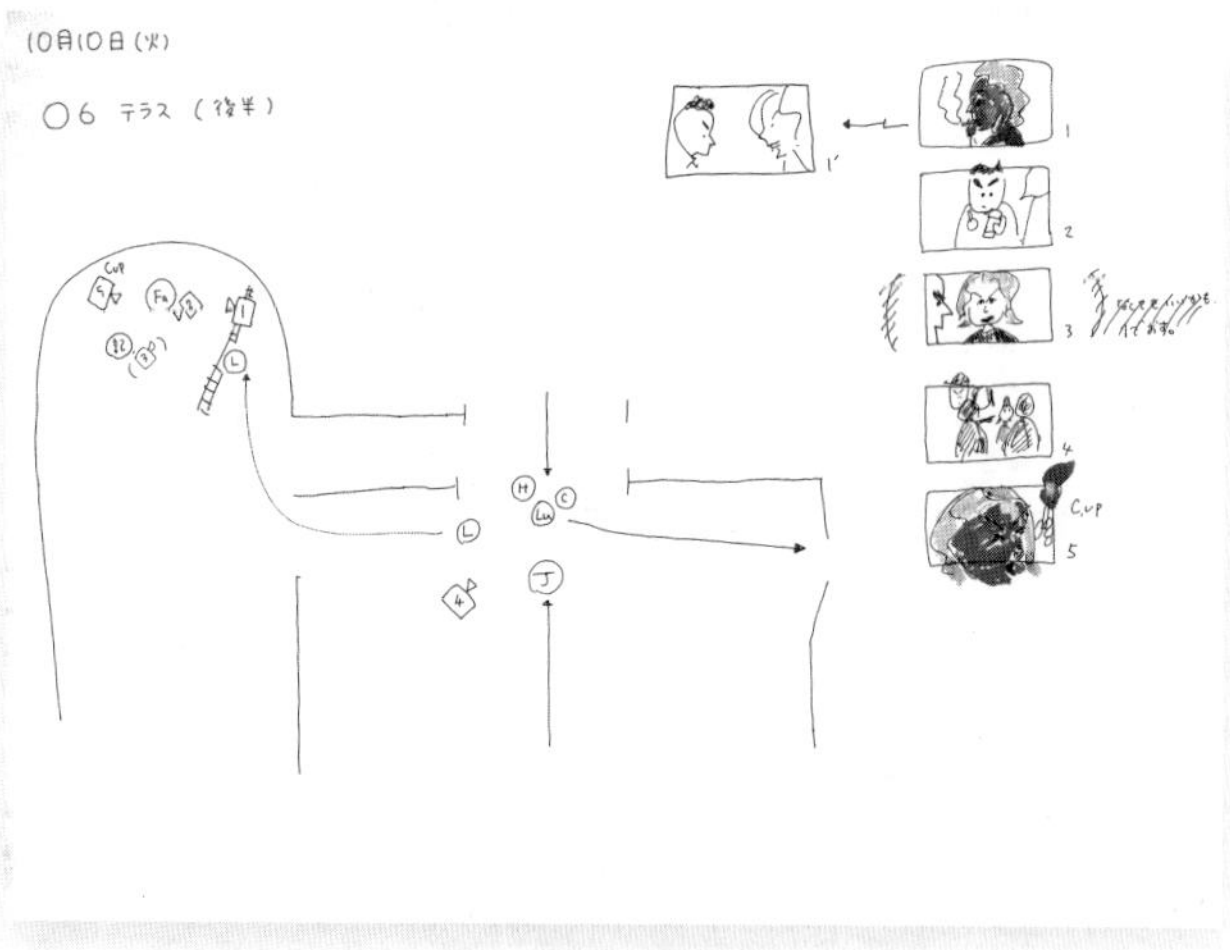
10月10日(火)
○6 テラス（後半）
Cup
C,up

10／11

インタビューを終えたファビエンヌが男たちのいるキッチンにやって来て、娘夫婦とハグ。娘に「原稿見せるって約束したわよね」と追いかけられ、冷蔵庫の前へ逃げて、来客を告げるチャイムの音に反応して部屋を出るまで、動き続けながら台詞を言う。素晴らしい。止まらない。嵐がやって来て、去るイメージ。言葉もわからずオロオロするハンク。振り回されて、イラつく娘のリュミール。母が去ったあとに夫婦は顔を見合わせる。ここでビノシュさん「ウェルカム」とアドリブ。これはとてもよかった。さすがだ。

中庭の樹が風が吹くたびに葉を散らす。主人公の人生の季節を象徴するこの1本の樹を印象的に撮りたい。

10／14

明日から5日間連続で撮影して、秋休み。

10月15日　月　シーン18　キッチン　男達の朝食
　　　　　　　　　14　地下室（ワイン）
　　　　　　　　　38A　市場（ハンクとジャック）
16日　火　シーン73　モンスリー公園のハンクとシャルロット
　　　　　　　　　19A　中庭
17日　水　シーン36　ピエール登場
　　　　　　　　　37　シャルロットと「こんにちは」
18日　木　シーン38　エピネに出かけていく母と娘
　　　　　シーン22　パソコンを見ているリュミール
　　　　　シーン47　シャルロットとピエール
19日　金　シーン67　カフェ（ファビエンヌとリュック）

10月15日。予定を変更して、母を探して中庭に出てきたリュミールとファビエンヌの1度目の衝突のシーン。エリックが2人をワンシーン、ワンカットで捉えたいという。

当初「無理をしなくても……」と僕は消極的だったのだが、撮影を始めテイクを重ねていくにしたがって、ファビエンヌのワンショットからリュミールのワンショットへ、そこから2人のカット、さらにファビエンヌのワンショットへと、動的に停滞なくカメラは動く。見事だった。途中庭木の陰にリュミールが隠れてファビエンヌのワンショットに見えるようにとビノシュさんに指示。感情の抑え方も僕の考えた通り。

17日。ピエール初登場。リュミールの表情から彼女がこのダメな父を決して嫌っていないことがわかる。

10／18

残り1日で秋休み。休みを利用して『万引き家族』の米国アカデミー賞（197）へ向けたキャンペーン活動のためにロスへ向かう。休みじゃないな、こりゃ。

15日の市場での撮影。人形を手に取るハンクは、なんだか悲哀があって良かった。16日の公園での父と娘。「マジック」をめぐるやりとり。「マジックなんて存在しない」というシャルロットに「心臓はどうやって動かしてる？　知らないだろ。でも動いている。これもマジックさ」と生き物の不思議について説明。後半は2人ともアドリブ。こういうやりとりがまったく説教くさくないところがイーサンのステキなところ。

今日はエピネに向かうファビエンヌとリュミールに、シャルロットが「亀のピエールがいない」と声をかけるシーン。エリックの考えているカメラワークが常に動的でとても面白い。あれだけ動き回っていながら、まったくセカセカした印象が無いのはすごい。このシーンも僕が4カットで考えていたのを、絶妙なタイミングでシャルロットを捉えて2カットで完結させた。中心をワンカットの中で、ファビエンヌからシャルロットに移動しながら捉える。

近藤龍人さん(198)に近い感覚。

休憩時間、カトリーヌさんが庭に咲いていたバラのとげをとって、手の甲に並べてクレモンティーヌに見せる。さっそく彼女も真似をして、とげを集め始めた。

なんか、こんなふうに祖母と孫娘が母を飛び越えてつながっていくような小さな描写を考えてみよう。そうするとシャルロットが祖母と同じ女優を目指すという構造がより、活きてくる。

辞めていくリュックと引き留めるリュミールのシーン。

今日のリュックは、お芝居が安定している。

リュミールはやるたびに、感情の放出のタイミングも度合いも変わる。不思議だなぁ。ＯＫが出たあともう少しやりたがる。こういう時は断らず、やらせてあげて、２つ前をＯＫにしたほうが賢明だ。

1
3
Lu

2
ビール
Fa
追う
逃げる

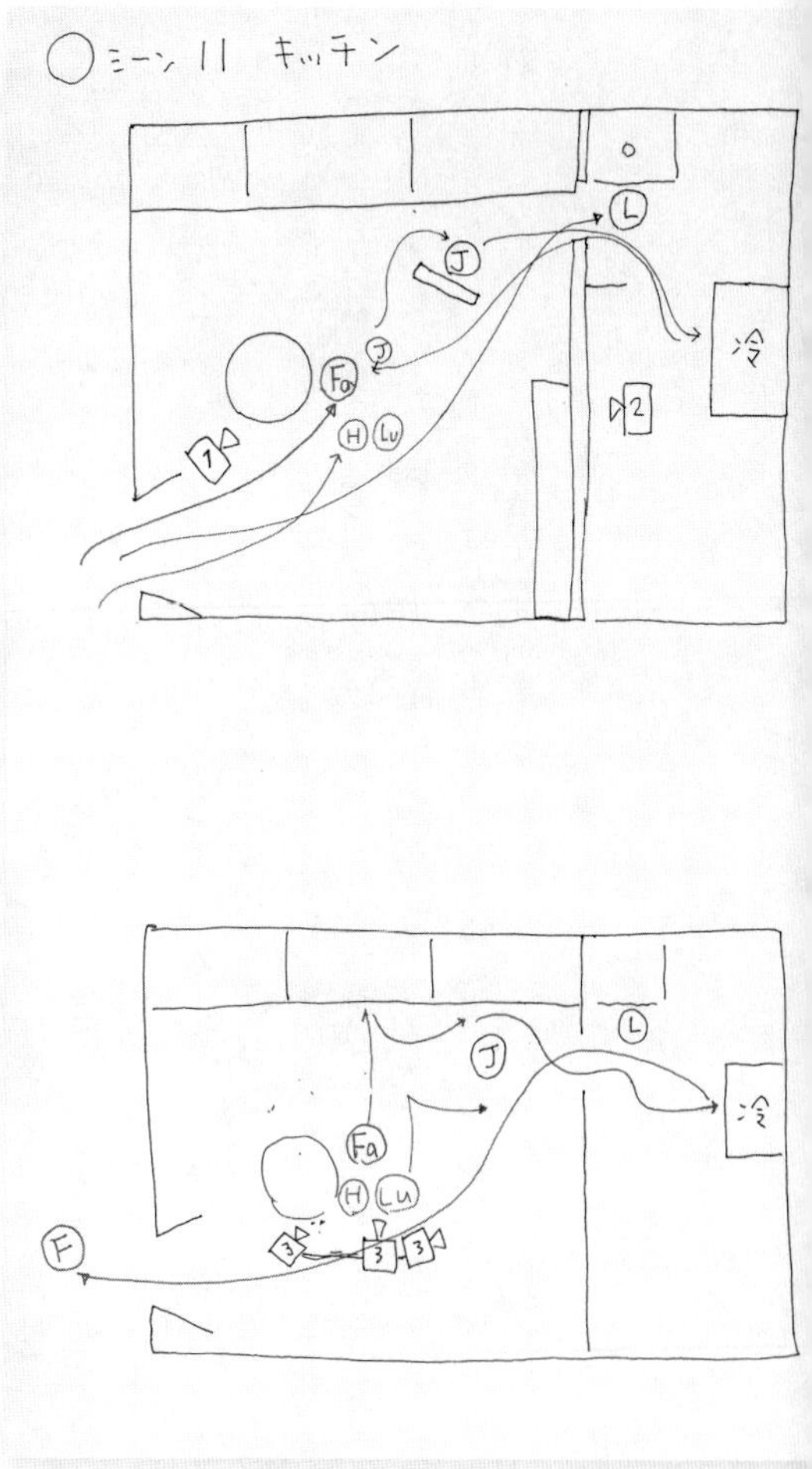
○シーン11 キッチン
J
L
Fa
H
Lu
1
2
冷
F
3

10／19

夜中にトイレに起きたシャルロットとピエールのシーン。おじいちゃんと孫娘。このシーンを見ながら、かつてのリュミールと父の姿を、観る人が重ねられるような、そんなシーン。

「オズの魔法使い」の弱虫のライオンの真似をしあう2人。クレモンティーヌがとても楽しそう。

いったん解散し、夜集合で、ダンスのあとのカフェのシーンを撮影。ファンに投げキッスをするファビエンヌを見つめるリュックがとても素晴らしく、彼が40年近く彼女への愛を秘めて来たことが一瞬にしてわかる。撮影中、カトリーヌさんの娘のキアラさんが見学に来る。とても仲が良さそう。「私はファビエンヌと違って娘とはうまくやれてるから」とカトリーヌさんが胸を張るのもよくわかる。

10／29

撮影再開。

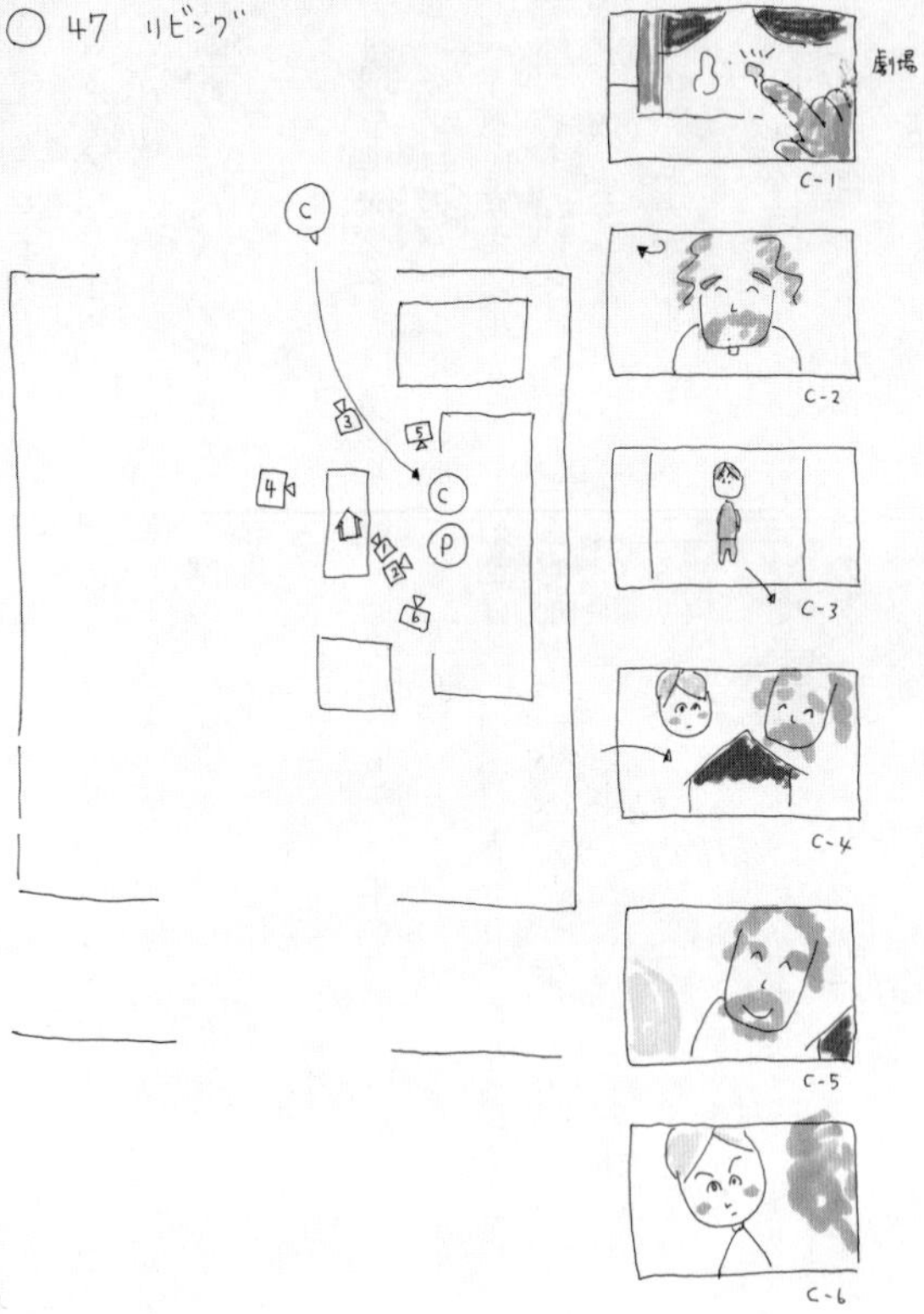

○ 47 リビング
劇場
C-1
C-2
C-3
C-4
C-5
C-6

ファビエンヌ。

行きつけの中華屋までトトを連れての散歩。

このシーンの衣裳合わせの時に、ヒョウ柄のコートに、ヒョウ柄の靴を衣裳のパスカリーヌさんが用意したら「私は絶対にこれは合わせないわよ」と主人公のセンスを疑いながらも面白がってくれた。確かにちょっと野暮ったくなるのが、逆に面白い。

台所のシーン。

男の手料理を美味しそうに撮りたい。飯島奈美さんの手を借りる。

秋らしいキノコのパスタや、ラザニア、そしてデザートのティラミスとカッサータ。

日本から呼ぶ意味があるのか？　と最初は渋っていたミュリエルを「でも是枝の映画の料理は美味しそうだろう」と福間さんも加わって、なんとか説得した。

イーサンとクレモンティーヌの2人の料理。

イーサンののせ方が本当に上手。

ここに嵐のようにファビエンヌがやって来て去っていく。

この後に始まる、母と娘の衝突の前のダレ場。

大切にしたい。

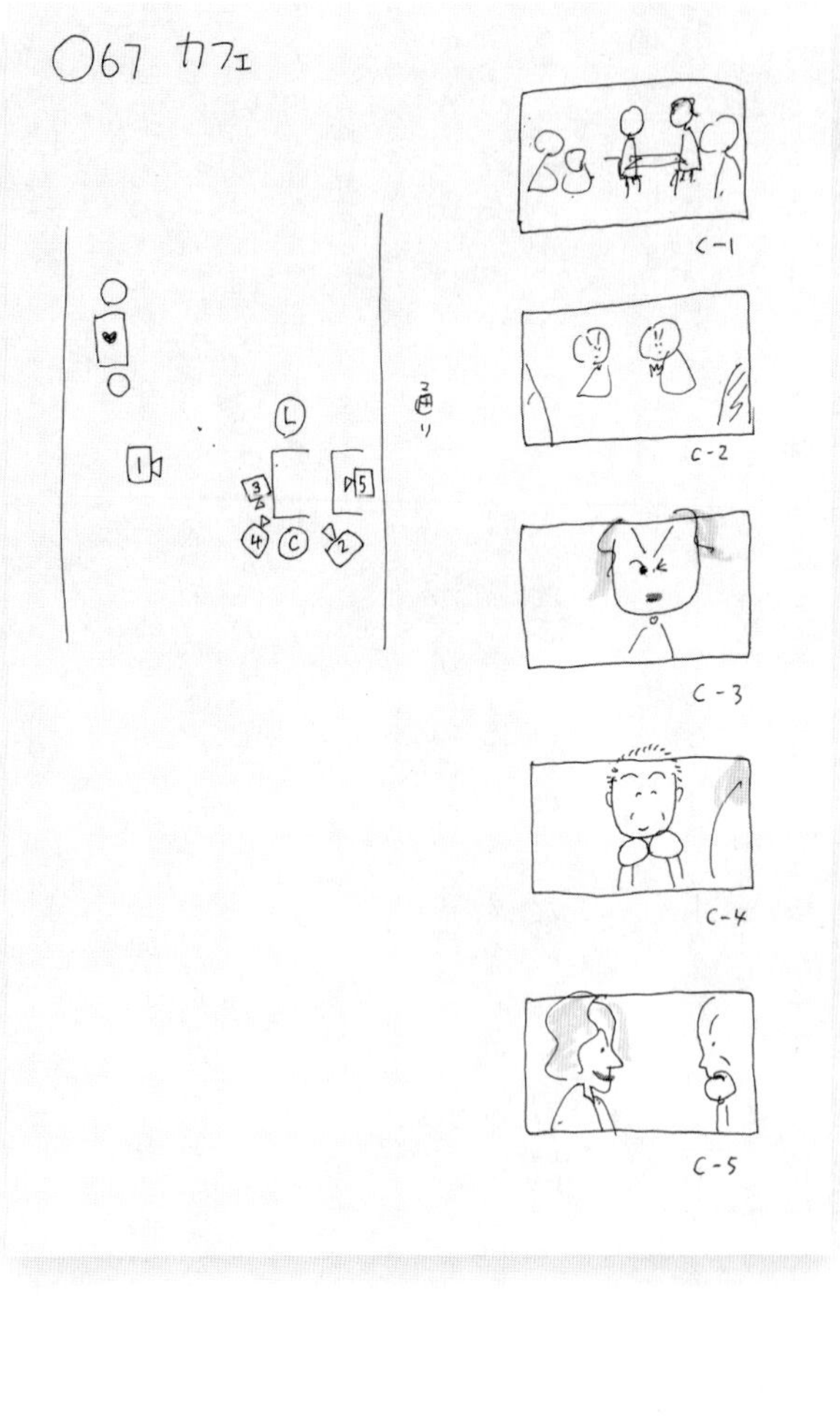
○67 カフェ
C-1
C-2
C-3
C-4
C-5

10／30

川内倫子さんのポスター撮影。ミュリエルとマチルドの2人のプロデューサーがいがみ合っていてお互いに協力してくれないので、撮影の段取りや、撮影部の協力要請がスムーズにいかず、川内さんに迷惑がかかるのが心配。

「あなたには頼らずにやってみせるわ」

「お手並み拝見するわ、遠くから」

というような意地の張り合いが、なんというかあきれるほど子どもっぽい。

「作品のために」ではなく「私」のほうが大切という態度。板ばさみになりながら、両者のなだめ役になっていく福間さんは、僕のように（フランス語がわからないから）と逃げるわけにもいかず、一番ストレスがたまっているはず。だが、顔に出ないのがすごい。

分福(199)の西川美和(200)監督とは「福間さんは『インサイド・ヘッド』(201)における『怒り』のボタンが壊れているんですよ。私たちとは違う生き物なんです」と冗談交じりに話しているのだが、もしかすると本当にそうなのかもしれない。彼女がいなかったらプロデュース陣はとっくの昔に決壊して濁流が防波堤を破って、撮影現場に流れ込んでいたと思う。

「夜の撮影と同じメイクしかしたくない」とカトリーヌさんが言うので、あまり多くのシチュエーションは試せないが、マノンも呼んでいくつかのタイプを撮影するべく、アイデアを画にした。

母と娘の話なのか。家族の物語か。「女優たち」の話か……。どこに焦点を当てるかでメインビジュアルは変わってくる。

夜はディナーシーンの撮影。母と娘が、大きな衝突をする映画中盤のクライマックス。ここまで積み重なってきた、リュミールからすると抑え込んできた感情を母にぶつけるシーン。

今まで動かし続けてきたファビエンヌは、ここは玉座に君臨する女王のように動かない。

ケーキを持ったジャックが部屋に入ってくるところからスタートして途中、食べ終わった皿を持って再びキッチンへ。ピエールはどうでもいいことを喋り続けてファビエンヌのご機嫌を損ね、後半は沈黙。シャルロットは大人の話を聞いていないようで聞いているが、父に促されておやすみのキスをしていなくなる。ハンクは言葉はわからないが険悪なムードから何が起こっているのかは理解し、止めようとするが「ノットユアビジネス」と妻に言われてしまう。

こうして舞台からひとり、またひとりと消えていき母と娘だけが残る。いたたまれなくなった娘が最後に退場するまで7分くらいか。画的に停滞しないようにサイズとカメラポジションに変化をつけて、単純な切り返し(202)を極力回避する。

クレモンティーヌの年齢で1日に撮影出来るのは、最大4時間と厳しく決められている。学校を休ませたり早退させたら授業を受けられなかった時間、家庭教師をつけなければいけないというルールもあるらしい。

日本と同様、子どもは台本を渡さずに撮影現場で初めてそのシーンの設定を(通訳のレアさんが)説明して台詞を口伝えしていくやり方なので、時間がかかる。4時間というのは実質2時間と考えておいたほうが良いと思っていたが、クレモンティーヌの勘が良いのと芝居心、そして物怖じしない性格が良い形で出ている。

休憩時間、カトリーヌさんがクレモンティーヌに話しかける。決してリラックスさせてあげようとか、祖母と孫らしさを出すためにとか、狙いがあってのことではない。ただ喋りたい。

「ねーねー私ね、ネズミを飼ってるのよ。毛の生えてないヤツでね……」

「昨日も聞いたよ。2匹でしょ」

カトリーヌさんに「もうそれ聞いた」などと言い返して話を遮るなどという恐れ多いことは、彼女にしか出来ない。一瞬びびったけれど、カトリーヌさんも「あらそう? 今度連れてくるわ」と存外気にするそぶりもなく、仲良し2人の無駄話を続けている。

「監督このシーンは煙草吸っていい？」

まずい。ここでＯＫを出してしまうと、７分間煙草を吸い続けることになってしまう。短くなるまでは吸わないので、長さのつながりを気にする必要はないのだが、子どもが隣に座っているのにずっと煙が漂っている食卓というのは、さすがに見ていて不快だろうと煙草嫌いの僕は思う。日頃のカトリーヌさんは吸いたくなったら車の中だろうが子どもの隣だろうがまったくお構いなしなのである。こういう態度を傍若無人というのだろう。

「ここは煙草はやめておきましょうか」

「私は吸うけど。食事の時は」

「……でもやめておきましょうか」

そう言えばとても素直に言うことは聞いてくれるので有り難い。

そのかわりというか、本番、カメラが回る直前まで吸っているのはあいかわらずで、漂う煙をクレモンティーヌと２人でパタパタ払うという、微笑ましいというかなんというか。

10／31

ディナーシーンの続き。

昨晩編集していて、このシーンはケーキを運んで来るジャックが始まりではなく、ファビエンヌをジャックの空席の側から正面に捉えた女王の画からであるべきだと気づく。つまりカット0。昨日エリックにこっちからのカットがいらないか？　と聞かれて「大丈夫」と言ってしまった自分の言葉を撤回して、頭を下げる。

「だから言ったろう」という感じでエリックは笑う。怒るわけではないがその眼に鋭い光が射す瞬間だ。中庭側からのガラス越しのカットにしたので壁にも光を当てないといけない。

「出来るけど時間かかるよ」「はい。すみません、よろしくお願いします」

クランクインの前にこの家でフィルムテストを兼ねて、カトリーヌさんやビノシュさんに集まってもらい、テスト撮影をした。庭で遊ぶリュミールとシャルロット、テラスに座るリュミール。母とマノンの絵を描くシャルロット。この時彼が説明してくれたパーフォレーション(203)を2つだけ使い（つまり小さな面積で撮影し）ブローアップ(204)するというやり方で、実際映画館で観ることになるＤＣＰ(205)を作り、試写をしてくれた。

「そんなやり方で女優の顔とかちゃんと撮れるのか」と心配していたミュリエルも（まぁこれなら……）と黙るしかないくらい、秋の庭で遊ぶ母と娘は美しく撮られていて、ブローアップしたことでフィルムの粒子が感じられて、なんだか80年代のロメールの映画の画に近い印象を受けた。

試写のあとエリックにそう伝えると（まさにそこを狙ったのだ）と。「自然光を活かしたこの感じと近未来のセットの撮影はライティングも含めて大きく変えるから」。長いキャリアとひとくせもふたくせもある監督たちとの共同作業によって培われてきたのであろうそのスキルは、理論的であると同時にフランス映画史を今自分がどう受け止めてここにいるかという歴史観がきちんとある。なぜここはズームなのか？　なぜローアングルなのか？というジャッジに好悪以上の裏付けがあるのだ。良いカメラマンはたいていそうだ。エリックの場合それに加えて職人気質的な匠の世界というか、フィルムやカメラや移動車といった機材に対する肌感覚が蓄積されているから自信が揺らがない。

それが時としてアシスタントへの厳しい接し方に出てしまうのが玉に瑕だが、〝職人肌〟というのは、僕のように古い徒弟制度と無縁に映画を作ってきて具体的に師と呼ぶべき人間がひとりもいない（精神的にはいるとしても）人間にとってはちょっとうらやましいところでもある。

それにしても撮影助手のファビエンヌ。シングルマザーで3人の子どもを育てながらと聞いたが、見事な働きぶりだ。彼女に限らず撮影中はみな無口で仕事が早い。（えっ、もう撮れるの？）とお茶場でコーヒーを飲んで一服していると呼びに来られ、慌てて現場に戻るということもしばしば。

移動の動きをエリックが指示すると、日本で言うところの特機部（206）が床にチョークで線を引き、ハンドルさばきを確認。その間にファビエンヌが、被写体に赤いライトを当てて距離を測る。メジャーを使うことはほとんどない。それでいて、（今のはフォーカスNG）というような、技術側からの意見で撮り直しになるということもない。というか、してはいけないと考えているようだ。カトリーヌさんはテイクごとに動きは違うし、クレモンティーヌも自由に動いていいよと伝えているから、フォーカスを追うのはそう簡単ではないはずなのだが。

2日間にわたる〝山場〟は納得のいく撮影だった。感情を放出するシーンを演じられてビノシュさんもちょっと充足感に満ちている。強がるファビエンヌのもろさもよく出たのではないか。あとは編集ではたしてこの長さが持つのかどうか判断しよう。

11／2

ディナーの後。リュミールとハンクの寝室。
ここでこの夫婦の抱えている問題、ハンクの抱えている問題がいろいろ明らかになる大切なシーン。

当初、ドアの外から聞こえてくる、リュミールをイライラさせる母と夫の楽しげなやりとりは声だけにしようと思っていたのだが、撮影が終わって毎日帰っていくカトリーヌさんの「お疲れさま」のキッスが、頰ではなくて唇キワキワのところへ柔らかくポテッとされるのがなんというか（たまらん）という感じだったので、ハンクにそのキスをして別れたあと、妻に報告するという形にした。僕の実体験を脚本に活かした形。

この日、『マチネの終わりに』(207)の撮影でパリを訪れていた福山雅治さんが陣中見舞いに来てくれた。フランスでは陣中見舞いなどという習慣はないらしく参加していない映画の現場に、役者や監督が来ることはあまりないらしい。

特に今回は、部外者が撮影現場にいることをカトリーヌさんがとても嫌がると聞いていたので、もしかするとモニターの部屋から間接的に覗くだけになってしまうかもしれませんとお伝えしていたのだが、福山さんを見つけたエリックが『そして父になる』(208)の主演だとすぐに気づき、手まねきして、撮影現場近くにわざわざモニターを出してくれた。カトリーヌさんも当然『そして父になる』は観ていたものだから、一気に「大歓迎」という雰囲気になって、正直ホッとした。

酔ったハンクがリュミールに「もう酒は飲まない」と謝ってベッドに横になるシーン。リハーサルではハンクがリュミールの背後から抱きつき、手をとって2人でベッドに入ってしまった。

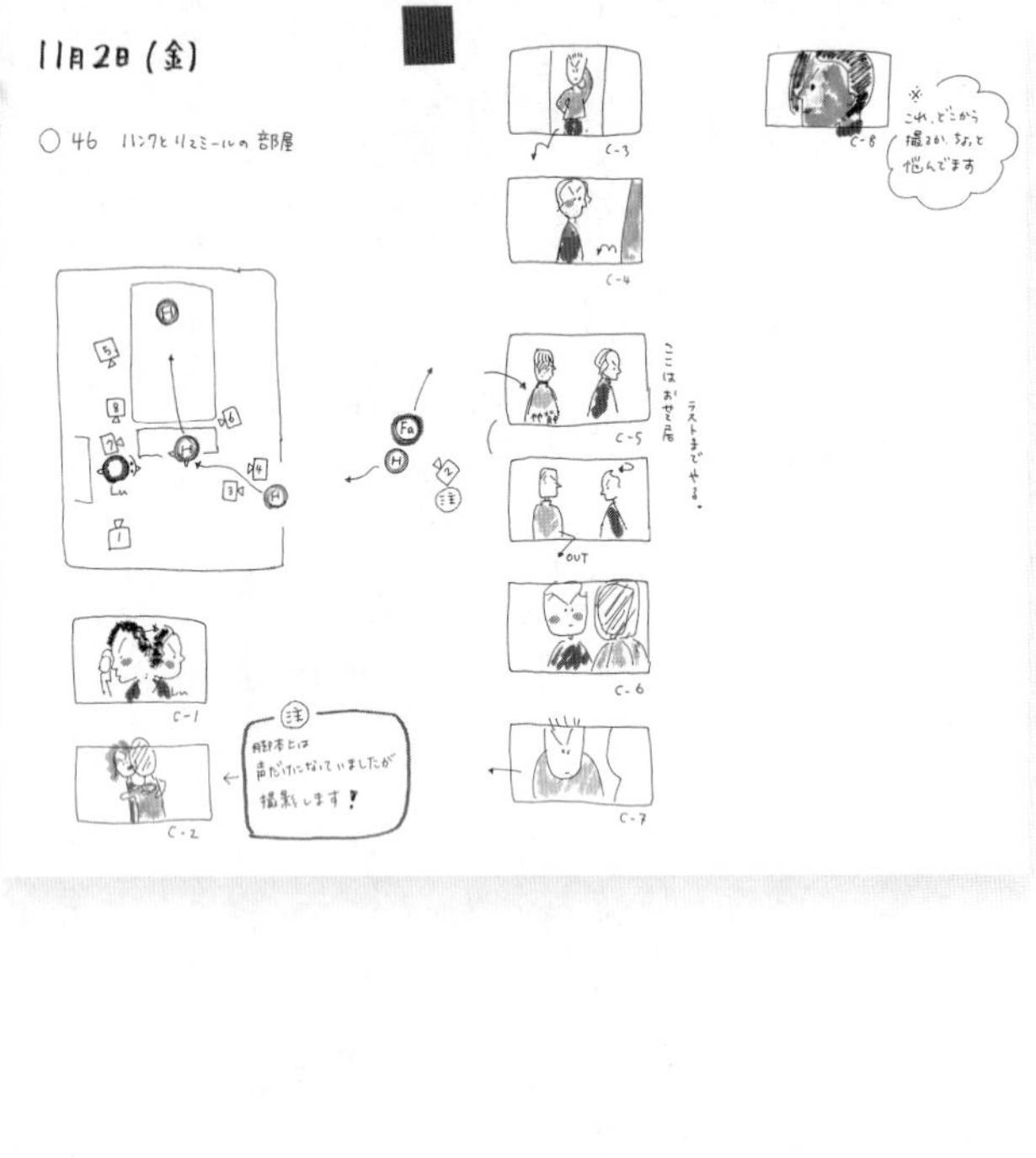
11月2日（金）
[redacted]
○ 46 ハンクとリュミールの部屋
C-1
C-2
注
脚本上は
声だけになっていましたが
撮影します！
C-3
C-4
C-5
ここはお芝居
ラストまでやる。
OUT
C-6
C-7
C-8
※
これ、どこから
撮るか、ちょっと
悩んでます

「すみません、ここはリュミールはあくまでハンクを許さずに拒絶して下さい」

と話すと、イーサンが
「僕の誘いを断るなんて、出来るかな?」

と遊び心満載で笑う。

本番。

イーサンが本当に素晴らしく、このシーンの
「俺みたいな中途半端な役者連れてきたってママには勝てないよ」

という台詞の中に、妻を諭しながら、その奥で自身のキャリアに対する悲哀のようなものが見事に表現されていた。

このシーンを境にリュミールは、自分でも気づいていなかった真の里帰りの意味を知る。

とても重要なシーン。

ラストのリュミールの横顔のアップもよかった。

夜、福山さんたちと、リトンおすすめの「セプティム」というレストランへ行ったあと、是枝イチ押しの「プルガステル」のクレープへ。僕と同じ、シンプルなソルトシュガーにバターとホイップを食べた福山さんの「美味しい!」という表情にまったく嘘が

なく、「でしょー」と自分が作ったような喜びにひたる。「監督すごいですね、こっちでも変わらず『ヨーイ、ハイ』で、それでドヌーヴが芝居するって」と言われ、もう慣れてしまったがよく考えると確かにシュールだなと思った。

11／6

撮影所へ向かうファビエンヌ達のシーン。

ハンクは昨晩話したことは酔っていて覚えていない。気まずい。ファビエンヌひとり上機嫌。

手元には（おそらく庭で拾った）黄色いイチョウの葉。今回、いろんな人の〝ものまね〟をするシャルロットがここでもおばあちゃんと同じようにイチョウの葉を持っていることにした（到着時は母を、翌朝、鳥の鳴き真似をして、ディナー中は父の真似。そしておじいちゃんと一緒にオズのライオン）。これも今となってはすべて、母と一緒におばあちゃんに仕掛けるお芝居の前フリ（という解釈を自分でしている）。それにしても車内だろうが撮影で窓を開けられなかろうが、目の前にクレモンティーヌが座っていようがカトリーヌさんはおかまいなしに終始煙草を吸う。

さすがに僕も連日の副流煙の攻撃に慣れてきてしまい、目薬もいらなくなったし頭痛に苦しめられることもなくなったが（いいんだか悪いんだか）、閉め切った車の中でいくら両手をバタバタさせても、そう簡単にはレンズ前はクリアになりませんよ。

車中、イイ女優はみなイニシャルが姓名同じなのよ、という話をファビエンヌがし出して、

「ミシェル・モルガン、シモーヌ・シニョレ……」と次々と名前を挙げていくとドライバーが「ブリジット・バルドーも」と参加。ハンクも「そうだね」と応じる。これを聴いたカトリーヌさんの反応がフランス語で「ボフボフ」という「それはどうかしらね」という感じで、あまり仲の良くない2人の関係を知ってる人にはちょっと笑いを禁じえないところではありました。ブリジット・バルドーはフランスでは動物愛護運動家として有名で、何かのインタビューでカトリーヌさんは「私は人のほうが好き。人より動物が好きなんて人の気持ちはわからないわ」と話していて、正直だなと思った記憶がある。今年もMe Too運動に絡んで「男には女を口説く自由がある」と、個人的には彼女らしい〝大人の〟発言をして物議を醸していたが、そのあたりの価値観はまったくブレない。

もちろん柴犬の愛犬ジャックは、打ち合わせだろうが録音スタジオだろうが、普通に連れてきて、もちろんリードなどつけずに自由に走り回らせているし、動物嫌いなわけじゃない。週末ごとにビノシュさんがイエローベスト⒇のデモに参加したり、地球温暖化問題のテレビ番組にパネリストとして出ているのは、時おり話の中でいじるけど、難民支援のチャリティなどは仲良く一緒に行っているらしい。「私と別れた男たちは誰

も私を恨んだりしてないわ」という、被害者意識はもちろん、加害者意識も持っていない。男と女は五分と五分の駆け引きと考えているあたりは確かに、この映画界を支配してきた男たちによって酷い目に遭わされていて、ようやく声を上げた女性たちにしてみると（あなたはそれでいいかもしれないけど、今はちょっとその発言は時代錯誤）と言われてしまう危険性はフランスでさえなくはないかな、と思う。

「煙草は身体に悪くない」と断言していたし、もう好きにさせてあげよう、という雰囲気が彼女の周りにあることは事実だ。それでも、「私は私」をこれだけ押し通しながら周りから（おそらく）疎まれることもまったくなく、75年生きて来ていることのスゴさを、彼女と一緒になってカメラ前の煙を手で払いながら、しみじみと思った。

11／7

なじみのレストランでみなで食事をするシーン。辞めたリュックの孫たちもみな集まっている。

「その扱いはイーサンに任せていい？」と聞くと「大丈夫。大得意」と。

「たとえば？」「ストローを用意して、その紙の袋に水をたらして生き物のように
……」とお願いしてみる。

「ＯＫ。わかった。やったことあるよ」

と心強い言葉。子どもたちの意識を手元に集中させながら自然な表情を引き出してくれる。

息子の代になってから味が落ちた、という設定の店なのでちょっとお借りするのも申し訳なかったのだが、俯瞰が撮れて水が撒けて、深夜まで撮れて、交通量が多くない理想的なレストランだった。

リュミールが食べるデザートは何がいいか?と小道具係のシモンに聞かれて、最近お気に入りのイルフロトンにしてもらう。これはメレンゲをカスタードクリームのスープに浮かした(イルフロトンとは〝浮き島〟という意味だと福間さんに教えてもらう)昔からあるシンプルなデザート。

今回撮影中の食事はすべてケータリング車が来て調理してくれ、前菜・メイン・デザートと必ず用意されていて、いつでもあたたかいものを食べられるという、日本のロケ弁とは比較にならない贅沢さなのだが、その並べられたデザートの中に、この、見たことのないフワフワした物体を発見し、チャレンジして、はまったのだった。監督助手のマチュー君は、「僕、昔からママの作るこれが大好きで、いくらでも食べられる」と。

確かに、口溶けも軽やかなので、満腹でもいけてしまうのが危険といえば危険だが、ここで出会って以降、レストランのメニューに見つけると必ず注文するようになった。

夜。明日のダンスシーンへ向けたお手紙をみなに書く。

『フランソワとフランソワーズ』

明日、みなさんに踊っていただくこの曲は、ファビエンヌをフランスの国民的スターにした映画の主題曲という設定です。運命的な出会いから恋に落ちる一組の男女。そのふたりの父と母も昔恋人同士だったことがやがて明らかに……。

出会いと別れを繰り返しながら最後は結ばれる、ラヴストーリーです。

ちなみに『フランソワ』と『フランソワーズ』という名前はご存じの通り『シェルブールの雨傘』で、別れたふたりがそれぞれの子どもにつけた名前です。

すみません、勝手に考えた続編だと考えて下さい。
以上、映画の表には出てこない裏設定です。
明日は楽しいダンスシーンにしましょう。

11／7　是枝裕和

11/8

石畳に水を撒いて、雨上がり。レストランで食事を終えて表に出て来たファビエンヌを、ストリートミュージシャンたちが見つけて、彼女の代表作の音楽を演奏し始める。それを聴いて通行人も集まって来てみな踊り出す――。

一瞬、日常が映画に覆われるというか、現実に虚構が染み出すシーン。ラストでファビエンヌが、そしてリュミールが辿り着く虚構を介した、「真実」の予兆のようなシーン。

元々はミュージックビデオを撮るように、カットを細かく割って考えていたのだが、エリックが一連で撮りたいと主張。そのほうが高揚感が維持出来る、と。僕としては後で編集しようと思った時に音の問題が出るのが嫌だったので、と説明したのだけれど、確かに守りに入ったような気もして、案は撤回した。

深夜の撮影に備えて準備体操をしている最中。レストランのテラスの手すりにつかまって斜め腕立てをしていたら腹にピキッと嫌な痛みが走る。準備運動が足りなかったのか、寒さを甘く見たのか、持病の腰痛を悪化させ、撮影終わりには歩くのも座るのも、しんどくなる。急いで薬局へ行って簡易なコルセットを買ってきつめにしばり、なんとかこの日はやり過ごす。

しかし翌日からトイレから立つのも難儀で、寝るときもうつぶせ、咳なんかもってのほか。お願いだから僕を笑わせないで、という毎日が1週間続く。高校時代から繰り返し経験したギックリ腰の時ほどには酷い痛みではないので、なんとか現場には穴を開けずにはすんだが油断大敵である。

11／13

取り戻したと思ったママを「映画」に奪い返されたリュミールが、涙ながらにハンクに話すシーン。


朝イーサンに呼ばれ、今日の舞台となる寝室へ。

「今日のシーンなんだけど……」

カット候補だと考えていたことがバレたのか?と一瞬ドキッとする。

「僕の台詞が多すぎる気がするんだけど……」

「そうですか?」

「監督、この間お手紙の中で俳句を書いてたでしょ。直接感情を言葉にせずに、観たままの風景やモノを写実するんだって。だとするとここにはちょっとその精神が足りない気がするんだけど……僕はおそらく静かに微笑んで、抱きしめてキスをすればいいんじゃないか？　僕ならそうするけど……」

さすがに鋭い指摘で感心しきり。すぐに戻って台詞を削る。最終的には泣いているリユミールに対して（こっちにおいでよ）と言うようにベッドの自分の隣をトントンと叩くだけにした。

スタッフやキャストから台本に対してこういう意見が出るのは本当にありがたい。上下ではなく、縦割りでもなくフラットな横へのつながりが作品を中心に有機的に出来ている証拠だ。

ダルデンヌ兄弟の作品をずっと担当している録音技師のジャン＝ピエール・デュレさんも、いつもは遠くから優しい目で見ているだけなのだが、ある朝、僕のところにやって来て、

「今日のシーンは少し言葉が多い気がする」

とひと言だけ言って去っていったことがあった。

僕は通訳のレアさんとすぐに脚本とにらめっこをしながら、不要な台詞を探してカットした。彼の「回りました」という「サトゥーン」というフランス語の響きはとても素敵で、余計なことはいっさいしゃべらず、良かった時だけ遠くから僕を見て、かすかに笑って親指を立てる。格好いい。出来ることならこんな男になりたかった。

シーン87。家族みなで出版パーティに向かうシーンを撮影。カメラが捉える人間の数

と中心を少しずつ変えていく。エリックのカメラはここでもとても的確。

3階の窓からの俯瞰撮影。

歩き去るシャルロットがポケットに入れていた黄色い帽子を落としてしまう。モニターの前で
「拾え……気づけ」

と小さな声で叫んでしまったが、庭に帽子が残されたままでフェイドアウトというのもありか、と思い直す。

11／14

家を訪れたマノンにファビエンヌがサラのワンピースをプレゼントするシーン。

サラとのそして過去の自分との和解シーンであると同時に、ここに集まっている女3人が、みなひとりの亡霊と戦ってきたことで通じ合う、とても重要なシーン。

たいへん申し訳ないことにセット撮影は後半にまとめることになっていて、この家の撮影は前半になるべくコンパクトにしなくてはならず、マノンのクランクインがこのクライマックスからということになってしまった。それでも撮影現場に慣れてもらうために、何度かこの家に来てもらったりはしていて、(彼女は舞台を中心に活動をしているので特に) 少しずつではあるが、ほぐれてきてはいたので心配はしていなかった。

期待通りマノンは台詞も完璧に入っていて、とても穏やかな良い表情をしていた。もちろん内心はハラハラしていたに違いない。だって相手はドヌーヴとビノシュなのだ。映画初出演の彼女にとって、それがどれほどのプレッシャーであるかは容易に想像がつく。

ここで大きな助けになったのはファビエンヌがマノンにプレゼントするワンピースだった。

衣裳のパスカリーヌさんが用意したのは、黒に白い襟のついたとてもシンプルなデザインのものだったが、かつて本当に、カトリーヌさんが若かった時、50年代や60年代のフランス映画の中で観た記憶があるような、彼女の若い頃のピンナップで観たことがあるような、そんなレトロモダンなもので、これがまた、マノンにとてもよく似合った。着替え終わりでドアから出て来た彼女を見つめ、部屋にいた全員が息を呑むのだが、この時のビノシュさんの、言葉に詰まり、言葉にならない〝感じ〟がとても芝居とは思えないほどリアルだったのは、半分はこのワンピースの力のような気がする。

前日のラストシーンでファビエンヌが肩からかけていた黒のコートも襟に施された銀の飾りがやはり女王様の大団円にふさわしく圧巻だったが、改めて衣裳の力の大きさを痛感する2着だった。

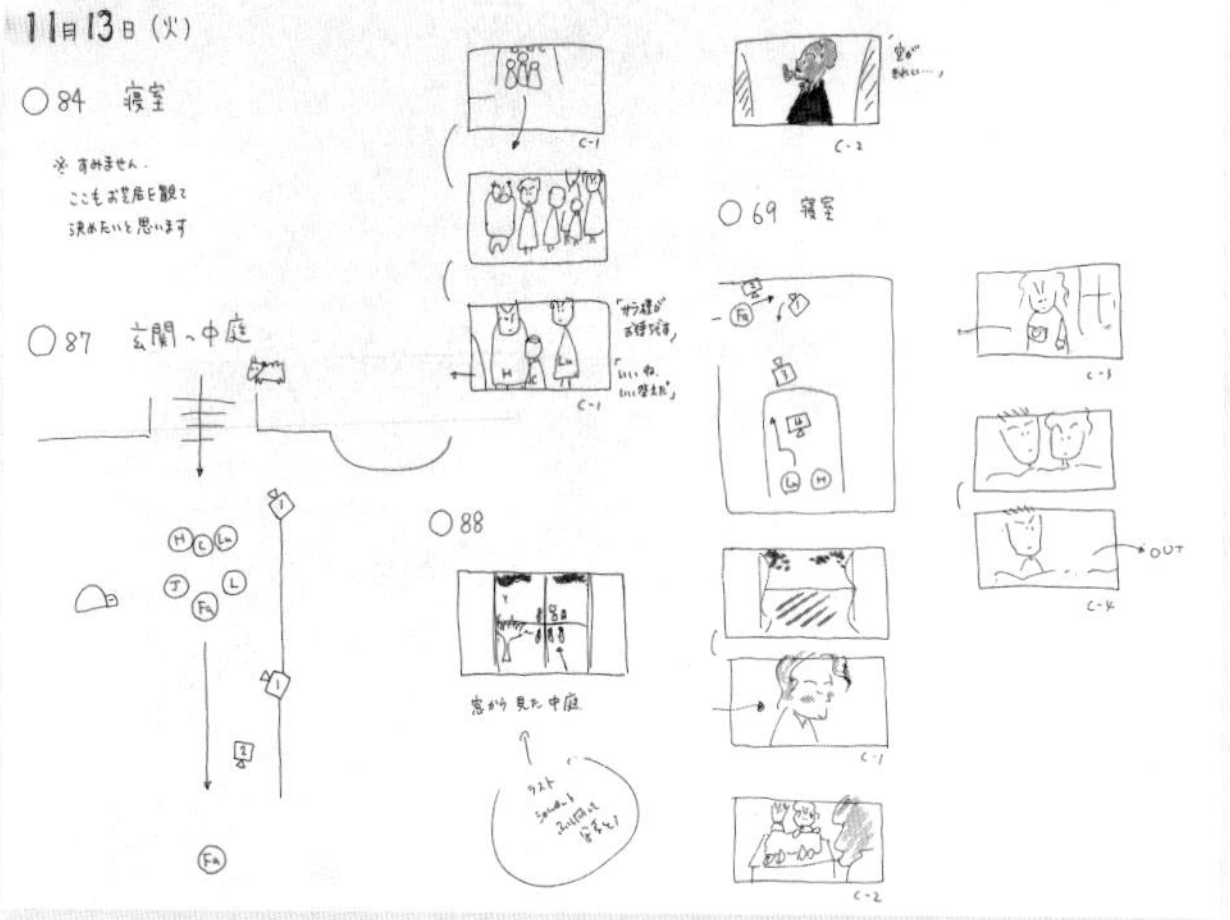
11月13日（火）
○84　寝室
※すみません．
ここもお芝居を観て
決めたいと思います
○87　玄関～中庭
○88
窓から見た中庭
○69　寝室
C-1
C-2
C-3
C-4
OUT

11／16

今日は後半の最大の山場。というか母と娘の「和解」のシーン。ファビエンヌが「魔法使いの役はあなたのためにやったのよ」と告白し、娘と抱き合う。
これが母から娘に仕掛けた芝居である、とどこまでわからせるか、さじ加減が難しい。ファビエンヌの寝室で、マッサージをされながら、ジャックが「あなたのためにこの役をやったのよ」とか、「少しは周りにいる人間に優しく――」と諭した発言を受けているのだが、それだけでわかるか。一応脚本上は嘘をつく前に劇中のエミーが自分の髪の先を口にくわえる――というお芝居をするので、それを受けて、現実と虚構の垣根を越えて、ファビエンヌが髪を口にくわえると書いていたのだが、(仕草自体がおかしくないか？)とカトリーヌさんに指摘され、ここは匂いを嗅ぐに変えた。順番は逆になるが、それに応じてセットの中のお芝居も嗅ぐに書き換える。

今日の大事なシーンの撮影にカメラマンの山崎裕さん(210)が陣中見舞いに訪れるという。ありがたいが危険だ。福山さんはそういうところはとても謙虚だし、一歩引ける人だから何の心配もしていなかったが、この山場のシーンに山崎さんか。福間さんには「くれぐれも、あんまり近くには寄れませんよと伝えて下さいね」と念を押す。

キャストもそうだが、今回は撮影のエリックが、自分以外のカメラマンが、というかレンズが現場にあることを（集中力が削がれるから嫌だ）と言っていて、メイキングの富樫君のカメラが近づくと背を向けてしまうし、打ち合わせは止めてしまうしで、ずいぶんと苦労していた。だから、本番はもちろんリハーサルでさえメイキングのカメラが直接お芝居を撮ることはなかなか、ここまで実現出来ていなかった。

もちろん山崎さんはカメラを持ってきているわけではないが、カメラマンはカメラマンの存在にとても敏感だし、（ちょっと貸して）とメイキングのカメラを回し始めないという保証はどこにもない。そのくらい、山崎さんは、カトリーヌさんに匹敵するくらい〝自由な〟人なのである。

最初は隣室とかガラス越しに遠慮がちにリハーサルのお芝居を見ていたのだが、案の定というかなんというか、山崎さん、ちょっと目を離した隙にエリックの隣に立ってカトリーヌを見つめていた。

（まじか！）

と僕が気づくのとほぼ同時に

「あの人は誰？」

とカトリーヌさんが山崎さんを指さした。

（やばい！）

「実は日本から来たカメラマンで『誰も知らない』とか『歩いても 歩いても』の……」と話し出したら、すぐにカトリーヌさんの表情は和らいで、リハーサルが終わったら自分から山崎さんのところに近づいて行って、ご挨拶されていた。

エリックも「フィルム何使ってるの？」といった山崎さんの突然の質問にも快く応じ、2人並んで記念写真を撮っていた。

山崎裕恐るべし、である。

夜はプルガステルへお連れして、クレープを食べさせてあげよう。


2人のお芝居、前半はすんなりいったのだが、後半の長回し、2人の抱擁シーンは、なかなかうまくいかなかった。2人ともどうも台詞もキッチリ入っていないし、集中力にも欠ける。

テイク8までやってみて、これは何か僕の書いた台詞に問題があるのだろうかと思い始めたのだが、制限時間まではまぁやれるだけやってみることにする。

撮影助手のファビエンヌさんから、「これはフォーカスはどちらに置きましょうか、正面のリュミールか横顔のファビエンヌか」と聞かれる。

通常なら正面のリュミールが最後に「ママ……」と呟くところでフォーカスを彼女に送るべきなのだろうけど……ここに続くシーンが、今頭の中にある、今日やった芝居の台詞をもう一度、確認しているファビエンヌへ向かうならファビエンヌに残すし、寝室のリュミールへつなぐならリュミールへ送るべき。

そうか、撮ってから判断しようと甘く考えていたが、ここで決断しなければいけなかったのか。

ここは、撮影中に思いついたアイデア（はずれることが少ない）を尊重して、ファビエンヌに残してもらうことにする。

テイク９

テイク10

ここに来て、見違えるような集中力で２人がお芝居をする。今までとは別人。それは芝居を終えた２人もわかったようだ。切り返しや、別アングルの２人の背中も一応は撮ったが、おそらくこのラストテイクでおせるだけおすことになるのだろう。

11／27

セット撮影。今日は17歳になったエミーを母が７年振りに訪れるシーン。母から逃げるようにエミーは立ち上がり、ドアを開け自分の部屋へ。残される母と父。

それを見ているリュミール。

ここでリュミールはエミーを目で追いながら隣室のセットへ移動するのだが、ここも

2018年11月25日　是枝裕和

さて、この週末も編集をしたり、エピネの下見に行ったりして、脚本も少し又書き直しました。びっくりしないように大きなところだけ前もってお知らせします。

・雨の車窓の実景は、撮らないことに決めました。編集でカットの並びをちょっと変えたのですが、今、撮れているもので充分です。

・スリー橋のミシェル・モルガンのアパートの実景は是非お願いします。

・到着直後の予定だったシャルロットの窓辺のシーンは天気のつながりを考えて2日目の朝に変更。ベッドの中のカットが追加になります。

・エピネの本読み場所をテラスのある会議室から、元試写室に変更。合わせて、テラスのシーンも、建物0階入口近くの喫煙所に変えました。悩みましたがBetterな選択だと思っています。合わせて階段→中庭に変更しました。

◎シーン27の楽屋をカットし、会話のいくつかは別シーンに分散しました。

◎「楽屋」のかわり、と言ってはなんですが、子供部屋のシーンをひとつ追加しています。リュミールとシャルロット、母と娘のシーン。6日目のラストに入る予定です。リュミールが母に翻弄されただけではない…という変化を「嘘」「演技」を通して母に投げ返すシーンになっています。どうぞよろしくお願いします。

『真実(仮)』スタッフ・キャストのみなさま

短い秋があっという間に過ぎ去って、雪の心配をする季節が突然やって来ました。是枝は今日、厚手のセーターとくつ下と、帽子を買いました。

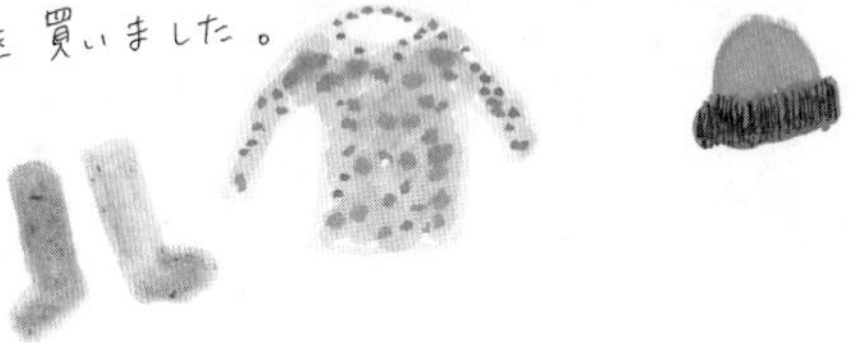

さて、家での撮影も無事に終って、いよいよ、来週からはエピネでの撮影が始まります。もう終盤戦ですね。今のところ…本当に素晴らしいキャスト、スタッフ、そして天気にも恵まれて、監督はとても満足のいく毎日を送っています。ありがとうございます。寒さのせいで少し腰を痛め、毎朝スタッフに心配されて情けないのですが、何とかゴールまで走り切りますので引き続きよろしくお願いします。

ビノシュさんの目の強さが活きた、というか彼女の情が完全にシーンを支配してしまう。そこで展開されている母と娘の衝突に限りなく自分と母との衝突を重ねて見ているわけだが、そのことの痛みが手に取るように伝わってくる。これが彼女の力なんだろう。今回多くのシーンで、エミーがリュミールに見えたり、死んだサラに見えたり、ピエールとシャルロットがかつてのピエールとリュミールに見えたり、ハンクとシャルロットがピエールとリュミールに見えたりという重ね方をしている。そのぶん、個々のシーンの台詞はシンプルにしているのだが、セットで映画内映画の撮影が始まってからはほとんどのシーンでこれをやっているので、こういう無言のカットでそのハードルを下げてくれるのは本当にありがたい。

11／29

撮影所での台本読み合わせのシーン。

遅刻するマノンを待っているファビエンヌとアンナ。アンナ役にサニエさんをキャスティングしたのは僕の独断。「バランスがあるんだから」とクリスに怒られたが、でもこのツーショットはどうしても見てみたかった。サニエさんはとても気さくで、いるだけでその場の空気が和むのだが、芝居は本当に的確で、台詞も完璧に入っているし、どこで笑いをとるのかも見事に把握している。とても助かる。

サニエさんが、日本語を教えてほしいと言うので「えーまた、飯オシー」というのを腕時計を叩きながら言うというのを教えて遊ぶ。日本に来た時に使うと「ウケるよ」と。耳がいいのですぐに覚えてしまう。良い役者はみんなそうだ。
昔、ペ・ドゥナさん(211)にも同じようなことをした。殴る真似をした後に顔を手で押さえて「顔はやめて。私、女優なんだから」と言う〝あれ〟で、そんなことをして遊べる現場というのは撮影がうまくいっている証拠なのだ。

本読みのシーン。エピネを見学に来たときにテラス付きの2階の部屋が気に入って、ここで、と提案したのだけれど、助監督のニコラから、「ここだと日中しか撮影出来ない。窓が多すぎてライティングも無理。なんとか別の場所に出来ると、半日余裕が出来るのだけれど」と言われ納得。テラスはどうしてもマノンを見つけなくてはいけないので、ガラス張りの喫煙室に(カトリーヌさん大喜び)、本読みの場所は、昼夜関係ないかつての試写室に変更した。

ファビエンヌが目の前のマノンにかつてのサラを重ね怯えた目をするシーン。向き合うのが怖い(弱虫の)ファビエンヌは台詞も覚えてきていないが、マノンはもう完全に役に入りきっている。その対比。
立ち上がってスクリーンの前で本読みをするマノンが、母として涙を流すシーン。

84B 子供部屋
Lu
C
C
C-1
うまく出来た？
C-1
嬉しそうだったよ
C
C-2
Lu
C-3

12月4日(火)

○16A 子供部屋

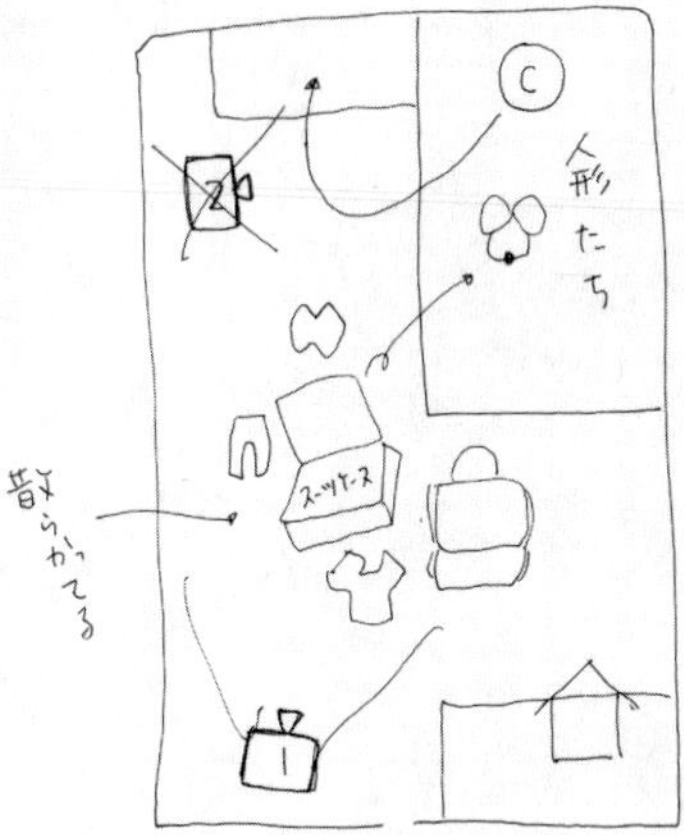

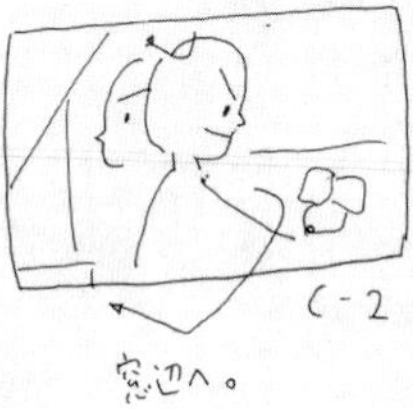

いちおう目薬を用意してテイク1、2。感情は見事に表現出来ているが、涙は出ない。やはり演劇畑の人は、こういう細切れで撮影していく時の、いったん断絶した感情に数分で戻すというのは慣れていないと難しいのかもしれない。3秒で涙が流せるという大竹しのぶさん(212)や宮沢りえさん(213)は例外だと考えたほうがいい。

テイク3。本番直前。カトリーヌさんが、やおらマノンに近づいて耳元で何かささやいて立ち位置に戻る。その瞬間マノンの表情が一変した。本番中、それまで堰《せ》き止められていた感情が一気に流れ出したかのような表情、言葉。涙、唇の震え。

カットをかけ、エリックに確認する前にOKを出した。野暮は承知でマノンに「さっき何て言われたの?」と聞くと「『大丈夫よ。何度でも相手をしてあげるから』と言われたんですが、それよりフッとここ(二の腕)に触られたのが大きかったです」と、何かをつかんだという晴れやかな笑顔。やはり、カトリーヌ、恐るべし。

12／4

母との抱擁のあとのリュミールのシーン。リュミールが自分が脚本を書いた「お芝居」を使ってファビエンヌに能動的に働きかけるシーンを思いつき、脚本を直した。虚構が実人生にはみ出てくるのは、ファビエンヌが一度やっているが、今度は、リュミールがそれをやる。母と娘がお互いに「芝居」を使って和解を演出するのだ。そしてその間にはシャルロットがいる。「真実」ってなんなのかわからなくなる。

「これが入ることでリュミールはこの物語の中でとても救われるし、成長しますね」と福間さんに褒められる。たしかに大きな発見だった。母の「芝居」に「芝居」で返す。

2週間ほど前の撮影中に思いつくが、ほかのシーンとの整合性を考えて、ちょっと公にはしなかった。

このシーンを活かすということは、泣くリュミールをベッドに誘うハンクのシーンはカットすることになる。

あとは編集で判断しよう。

リュミールが畳んでいたシャルロットのセーターに、セットの撮影で誕生日に使っていたクラッカーの銀色の紙吹雪がはさまっていて、ちょっとベッドの上に散るという描写を加える。このシーンは、リュミールにとっては「誕生日」のような意味合いがあるので。おそらくほとんど気づかれないだろうが、自分だけのための小さなこだわりである。

12／5

中打ち上げ。カトリーヌさんもビノシュさんも、サニエさんもマノンさんも参加して、和やかに。これは決して不満ではないのだが、こういう時会場に並ぶ料理が、いつもハムとチーズ。せいぜいパテ。つまり冷たい乾きもののみ。あとはワイン。温かい料理をという感覚がない。もちろんそこに並ぶチーズやハムは日本で食べるものと比べ物にならないくらい美味しいし、お茶場に置いてあるフランスパンとバター（塩）もおかわりしたくなる美味しさではあるのだが……。蒸しものか揚げものが少し欲しいなぁ。このあたりは文化の違いか。

打ち上げは途中から撮影助手の女子たち主導で、ダンスタイムに。ファビエンヌは、体のキレが抜群でさすがとしか言いようがない。普段穏やかに座っていて無骨そうに見える録音のジャン＝ピエールが190センチの長身を大きく動かしながら制作部のアシスタントの女性をリードし、上手に踊る。こんな男になりたかった。こういうときにも文化の違い以上に、「踊る」という文化に接してこなかった自分の半生を、ちょっと寂しい目で振り返ることになるのであった。

12／7

ファビエンヌがNGを連発したあとでセットのすみにマノンの亡霊を見て、神がかったお芝居をするシーン。セットの大きな山場の撮影日。

例のごとくカトリーヌさんは遅刻なんだが、どうやら昨晩家で転んだらしく楽屋に入ったカトリーヌさんの顔は右目の周辺が青緑色にかなり変色をしている。どうやら右足の親指も打ったらしく、かなりはれていて靴をはくのもたいへんそうだ。意図したわけではないのに、役に描かれた状況とカトリーヌさんに起きたアクシデントが重なってしまった。

これは今日は撮影はお休みにしようか……とチーフ助監督のニコラと話をしていたら、本人は「やります」と言っていると楽屋から伝言が届く。

とりあえずメイクで出来るだけあざを隠し、撮ってみることにした。カメラが回り始めてすぐ、（あ、これは特別なカットになる）とカトリーヌさんの表情を見ながら、確信する。

もっとも重要なカットで、信じられない集中力で、しかもテイク1でそれこそ神がかったワンカットが撮れてしまう。およそ1分40秒。

カットをかけると、本人も満足したのか、とても嬉しそうに笑っていた。この日はみな、

「今日のカトリーヌはすごかった」と感嘆の声を交わしながらセットを後にした。

12／10

撮影41日目。残すところあと3日。

劇中劇のクライマックス。

80歳の誕生日を迎えたエミーが「あなたの娘で幸せだった……」と優しい嘘を吐くシーン。ファビエンヌがマノンに触発されて素晴らしいお芝居をする。脚本ではアドリブで「朝まで何しよう」と母に問われ、「海へ行きたい。ドービルの海へ」と、ファビエンヌがサラとは果たせなかったことを劇の中で果たそうとするシーンにした。現実（過去）と虚構の横断。どこまでこれが伝わるか？　正直、この日、この後の家へ戻ってからの最大の山場を控えているので、劇中劇は完全にオフにして、ポンと楽屋へ飛んで「素晴らしかったわ。ママのお芝居……」とリュミールに言わせる処理の仕方も編集で出来るようには撮ろうと思うが、それはもちろん今から演じる役者には内緒。

しかし、役者というのはなんとなく、今からやるシーンは編集でカットかな、と薄々感じ取りながら演じることも多々あるようで、作品の全体像が見えてないのは監督だけ、という、情けない状況もよくある。

今回、レストランの表でダンスを踊った翌朝。中庭で遊ぶハンクとシャルロットをガラス越しに見ながらファビエンヌとリュミールが言葉を交わすシーン。
「昨日何回したの？」と母がSEXについて問いかけ、「上手なの？」と畳みかける。
「お芝居よりはね」と娘も返し、母は
「ジャック（夫）は料理のほうが上手」と笑い合う。

脚本上は実は続きがあって、
リュミール「40過ぎて産むと子育てがたいへん。もう少し早く産めばよかった」
ファビエンヌ「私はちょっと早すぎたのかもね」
リュ「そう？」
ファ「まだ母になる覚悟がなかったからさ……」
リュ「産まなきゃよかった？」
ファ「そうは言ってない」
リュ「……」
ファ「そんなこと……思ったことないわ」
リュ「……」

本読みの時もとても良くて、しかし、これだと、お芝居を経て、夜にこの母と娘はかりそめの和解をするのだが、ちょっと朝から重たくなりすぎるかも、と思っていて、カット候補にしていた。
ただ、やる前にカットすると絶対ビノシュさんに
「撮ってから考えたら？　役者としてはやっておきたい」
と言われるはず。カトリーヌさんは基本、カットすると喜び、ビノシュさんは困惑する。この対比が面白い。

撮影が終わると、カトリーヌさんが近づいてきた。

「今のシーン、使うの？　ちょっと仲直りが早いんじゃない？」

「そうですよね。僕もそう思います。いちおう撮ったんですが……」

と話すと、納得したように、軽やかに去っていった。

面白いのはここからで。

後日、テントで食事をしている時にビノシュさんから
「監督、あのテラスのシーンだけど……」

と言われ、ちょっと緊張。

「残るか残らないかでカトリーヌさんと賭けをしたの。彼女は残らないほう、私は残るほう。だから決まったら教えてね」

つまりカトリーヌさんは、僕の意思を確認したうえでビノシュさんに賭けを持ちかけたのだ。

こういう茶目っ気というか、言葉は悪いが、ちょっと小ずるいところもまた、チャーミングに見えてしまうというのは、もうすでに僕が彼女のファンだからなのだろうか。

12／11

今日はマノンから逃げたファビエンヌが、撮影所の中庭に停めてあった車に逃げ込み籠城するシーン。デイシーンなので16時までには撮りきらないといけない。カット数は7だが、結構ファビエンヌの台詞も多い。なのに今日も遅刻。助監督のニコラは心配そう。

「もうパリの自宅は出たらしい」とか、

「昨晩は遅くまで飲んでたらしい」とか、
不確かな情報がスタッフ間で飛び交う。

まあたいていは30分ほどの遅刻で到着。そこまではいつもなら想定内。

僕とレアさんが楽屋へ呼ばれ、鏡の前に座って、ガンガンにロックミュージックを部屋に響かせながらガウンに着替え、メイクを始めるカトリーヌさんと朝（昼）のミーティング。床に座るレアさんに
「あなたそんなとこ座らないで、ソファにちゃんと腰掛けて。そのブルーベリー美味しいわよ。市場で買ってきたのよ。食べて。みてみてこのパック……金が入ってるのよ。映画の中で使ってるのより高級。ねぇ……あなた『バーニング』(214) 観た？　素晴らしかったわ。彼は他にどんなものを撮っているの？」

　この日は脚本の内容の話は無し。僕もすぐに現場に戻る。

14時撮影開始。

セットから逃げて来たファビエンヌが車に乗り込むカット。カメラは驚くドライバーのみを捉えていたのだが、ゴンという音と共に「OH！　NO！」というカトリーヌさんの声。全員凍りつく。ドアが開き、乗り込んだカトリーヌさんが足を滑らせて顔から床にぶつかったらしく、鼻筋のあたりに血がにじんでいる。

スタッフ全員立ち尽くす中、カトリーヌさん自身もショックだったのだろう。楽屋に戻る。先日の顔のあざも完治しておらず、メイクで隠しながらお芝居をしている状況なのに、ここへ来てまた、さらなる災難である。

エリックは冷静に太陽を見ながら「ライティングでは無理だ。今日は止めにして後日にしたほうがいい」とニコラに話している。

ニコラとしてはなんとしても今日撮り切らないと、撮影日が1日延びてしまう。それは避けたい。

プロデューサーのミュリエルからもキツく言われている。

日本だとこういう時は撮休の土日を使うという判断をするのだけど（もちろんそれが良いことではないが）こちらでは誰ひとり、そういうことは言い出さない。土日の休みは、絶対なのである。もし土曜日に撮影を入れると現場のスタッフのギャラは通常の200パーセント、日曜だと300パーセント。だから予算管理をしている制作会社からすると、「ありえない」判断なのだ。

カットを減らしてもせいぜい2つ。全5カット。こういう時、次に考えるのは、というか監督が求められるのは、（このシーンは本当にいるのか？）と考えシーンを欠番にするか、別のシーンにここでのやりとりを吸収してしまうことなのだけれど、さすがにそうもいかない。

悩んでいるとカトリーヌさんから「やるわ」と伝言が届く。

そうは言ってももうすぐ2時半。1時間半であの台詞覚えられるか？　いつもならテイクを重ねながら台詞を入れていって、OKテイクまでは、6とか7とか必要なのだが。

楽屋から出て来たカトリーヌさんは、険しい表情で

「車に乗り込むときにステップで足が滑ったの。だからクロックスって嫌いなのよ」と憮然としている。

「もう絶対履かない」

まあ、とりあえずいけるとこまでいってみようということになってカトリーヌさん向けのテイク1。

これがまぁ……鬼気迫るというか、切羽詰まった表情とそれが反転した苛立ちとか……見事に表現された〝神〟テイクで、台詞も完璧。

珍しくワンテイクOKとなり、ここで一気に遅れを挽回。この日は無事予定通り、撮り切れてしまった。

録音のジャン＝ピエールが、静かに僕のところにやって来て、

「さっきの転んだ時の声、録音出来てるけど聴くか？　セットで転んだ時に使えるかもしれない」

と、ニヤリと笑う。

12／12

シーン54。楽屋のファビエンヌとリュミールのシーン。

そこに氷を持ったマノンが登場する、このシーンをもってクランクアップ。

芝居をしている時に母のことを思い出したのか、とリュミールに問われ、

「記憶なんてあてにならないわ。変わっていくもの」

とファビエンヌが答える。


このひと言に、マイズナーがメソッドを否定した〝演技論〟を反映させてみた。


演技に関する態度はあまりそれを論として戦わせるわけではないが、それぞれの態度の違いとしてさりげなく描いたつもりだが、どうか。それをおそらくは、シャルロットが大人になったあとで、ふと思い出し、〝女優〟としての自分の芝居に活かすのだろう。

クレモンティーヌ本人も今回の撮影を経験して、いくつかある将来の夢のひとつに〝女

優〟を加えたらしい。こちらは、あとで振り返った時に、この2人の大女優との共演をどう振り返るのか……想像するだけで楽しい。

撮影は無事に終わった。最終日は、女優たちに花束を渡して記念写真。これは日本と変わらない。

異国での「航海」はひとまず終わりを迎えたけれど、実はまだ残り半分。編集作業が残っているのでまったく気を抜くことは出来ない。それでも心地よい達成感にみな包まれているのは、良い現場だったということなのだろう。

この、みなの満足感を裏切らない作品に仕上げなくてはいけない。

おわりに　寒い2月の東京で

『真実』の完成後、僕の作品制作のプロセスはちょっと複雑に進行する。主な原因は「コロナ」である。

準備を進めていた坂元裕二さん(215)脚本の映画が配給会社の判断でいったん延期になり、その間に配信ドラマのショーランナーを引き受けた。自分としては次に撮る予定だった韓国での企画の準備を早めて順番を逆にして取り組むことにしたのだけれど、当初ショーランナーだけに自分の役割りを限定していた配信ドラマへの関わりが実際にドラマの舞台になる京都の花街の取材をしてみて、僕自身がとても興味を持ってしまったのが良い意味での誤算。さらに「出来るなら、1話だけでも演出してほしい」というNetflixからの要望を受ける形で演出を引き受けてしまったことが、こちらはまあ想定内の変更。従って、コロナ禍にもかかわらず日韓を往き来しながらのたいへん多忙な活動を余儀なくされた。

しかし、そこで結果として出来上がった2つの作品にどこか不満が残ったかというとそんなことはなく、むしろ活き活きと、いつも以上に楽しく日々を過ごせたのだから自分でも驚いている。

『ベイビー・ブローカー』に関しては2020年のシナリオハンティングとプリプロダクションに加えて約2カ月半の撮影。さらに極寒のソウルで行なった撮影後のポスプロダクションを合わせると、都合8カ月以上、僕は韓国に滞在していたことになる。いっぱしの韓国通を名乗っても良いレベルだろう。名乗りはしないが。

日本に帰って来てからあちこちのインタビューで話していることなので、どこかですでに耳にし、目にしていることかも知れないが、その体験をここでもう一度まとめておこうと思う。日本の撮影現場と何が一番違うのか？

何より合理的である。良くも悪くも。数年前に取り組まれた働き方改革が徹底されていて、週に52時間という労働時間は厳守。撮影終りから次の開始までは12時間は空ける。毎週主休日というのが曜日で決まっていて、そこは打ち合わせも含めすべての仕事が不可。つまり、スタッフは病院の予約など、あらかじめ予定が入れられる。

実際の撮影実数は約45日。『万引き家族』と大差無いのだけれど、これを2カ月半の間で撮影しているわけで、つまりは45日働いて30日はお休みというバランスである。働きすぎの監督（是枝本人）なら、合い間でもう一本映画が撮れるのではないか？　とつい考えてしまうような撮影状況であった。

10年程前は、韓国の撮影現場も日本同様、長時間労働は当たり前。もともと上下関係には厳しいお国柄なので、軍隊式のハラスメントも蔓延していたらしい。それが一気に刷新された。ハラスメントは一発レッド。退場。この厳しさ、スピードの早さは何より見習うべき点だと思う。

余談になるが、初めて釜山国際映画祭（216）に招待されて訪韓した25年前、街のカフェで出される珈琲は、どの店も紅茶のように薄く、まったく味がしなかった。最初は注文を間違ったのかと思ったくらい。それが、この10年、珈琲文化が一気に浸透、定着して、かなり味が変化した。珈琲好きとしてはありがたい限りだが、刷新が早いということは当然、変化に追《つ》いていけない人々は淘汰されるということである。これは、韓国社会全体に言えることらしい。つまり、映画技術の刷新に取り残された年配世代のスタッフは50代で守旧派のレッテルを貼られ、現場からは消えてしまったのだ。

『ベイビー・ブローカー』の撮影監督ホン・ギョンピョさん（217）は昨年還暦を迎えた60歳で、僕と同い歳なのだが、第一線で活躍されているカメラマンとしては、最年長と聞いた。監督も同様で、60代で現役バリバリはほとんどいない、と。日本だと60代なんて、監督もカメラマンもまだまだ中堅という感覚があって上を見ながら安心していたのだけれど、もし自分が韓国でキャリアを積んで監督になっていたら、とゾッとした。

韓国はお年寄りに優しくない社会なのだと言う。会社員になっても、40歳を過ぎると一握りの勝ち組とその他にはっきりと分れる。そして、〈その他〉は早期退職し、起業。そこで失敗すると『イカゲーム』（218）が待っている。これは半分冗談で半分は真実らしく、韓国であのドラマがヒットしたのは現実社会が常に『イカゲーム』みたいなものだからなのだと説明され、妙に納得してしまった。物事には常に両面ある。韓国の映画産業が若いエネルギーにあふれている明るい面にばかり目がいきがちだが、その影の部分もしっかり認識しておかないと、実像をとらえそこなうな、と思った。

現場で経験した詳細はまた『映画を撮りながら考えたこと2』でも出版される時に書くとして、ここではひとつだけ記すことにする。

本文にも登場するスーパー通訳レアさんのおかげで、フランスの撮影現場でのコミュニケーションにはほとんどストレスを感じなかったことは既に触れた。むしろ、カメラマンのエリックが時々発していたスタッフへの侮蔑《ぶべつ》的な発言は、レアさんがご自身の判断で通訳されなかったので、必要以上に感情が波立つこともなく、かえってありがたかった部分もあったと思う。ありがとうレアさん。

さらには現場で起きた2人のプロデューサー（ミュリエルとマチルド）によるお互い顔も見たくないというような子供じみた対立は、間に入った福間さんがすべて吸収してくれた。いや本人にはきっと外からはわからないストレスも間違いなくあっただろうに、常に冷静で、感情的にならず、穏やかで、頭が下がった。いや、手を合わせた。実際に。

ありがとう、福間さん。

今回の撮影もレアさん同様、スーパー通訳で、おっとりした天然キャラで、いるだけで空気が和らぐヨン・ジミさんが準備から仕上げまで帯同してくれたのがたいへん大きかった。コロナ禍で、福間さんは原則撮影には帯同出来なかったが、監督助手で入った孫さんの大物ぶりと、日韓共同作品への参加経験の豊富な助監督の藤本さん(219)のおかげで、韓国の撮影は大きなトラブルも無く進んだ。

監督助手の孫さんがどう大物かと言うと……。彼女は朝鮮学校卒業の在日3世でお父さんも朝鮮学校の教師という出自で育ち。僕の『ベイビー・ブローカー』のプロジェクトを誰よりも早く察知して「私を入れないと後悔しますよ」(と言ったわけではないが)という上から目線で参加を熱望した。とてもすばらしいアイデアを10回に1回くらい言うので誉めたのだが、かなり不満そうで、なぜかと聞いたら採用される率が低い、と。「西川さんの『すばらしき世界』(220)の時は10回に3回は採用されてたんですよね」と。すぐに西川さんに確認したら「いえ、そんなことはありません」ときっぱりと否定。その旨孫さんに伝えたら「ちょっと盛りました」と白状。

僕が手書きで直した脚本の清書は彼女の仕事なのだけど、上がってきた原稿を見ると、ところどころ余白に吹き出しがあって「面白い」だの「わからない」だのと書き込まれている。「孫さんさ、こういうのは助かるけどポストイットにしようか、外せるように」と丁寧に説明すると、なぜかやはり不満気。さらに時々、(あれ？　こんな直しをしたかな?)という箇所が散見されるので、打ち間違いかと思って訂正前の原稿と比べるとやはり台詞の言い回しが違う。「孫さん……ここさ……」と2つを並べながら見せると「あ……やっぱりわかりました? さすが監督」と返された。勝手に変更して僕を試したらしい。これ以降脚本直しは気を許さないように常に警戒レベルをMAXにしておいた。

何よりすごいなと思ったのは、僕が画コンテを描き、演出をし、撮影を終えた後に近づいてきて自分の台本に書き込まれたカット割りを見せて「ほら監督。私も同じ組み立て……」。

クランクイン当初は「カット割りがなんなのかさっぱりわからない」と暗い顔をしていたのが嘘のように撮影半ばにはかなりのレベルまで進歩していて、正直呑み込みの早さに驚くこともしばしばだったので「上達したね」と言おうとしたら「監督、私の見たでしょー」とからかわれた。いや、もちろん見てはいないが。

そんなこんなで演出におけるアドバイスもみるみる適確になって「今のシーン、私が演出したってみんなに話してもいいですか?」という冗談が、結構、真実に近いようなシーンもいくつか作品内に残っている。仕上げの最終日の車の中で「もう監督から学ぶものはすべて学んだと思うので、これで」と明るく訣別宣言されたので「孫さん。そういうひと言は僕から言うのが筋だと思うよ」と一応人生の先輩として助言をしておいた。

助監督の藤本さんは準備から撮影、仕上げ、そしてカンヌまで、とても良い距離で作品に伴走してもらった。実は撮影2日目に現場でちょっとしたトラブルがあった。

土砂降りの雨の中をイ・ジウン（IU）さん[221]演じるソヨンが赤ちゃんをベイビーボックスに預けに来るシーン。雨降らしが大好きな撮影のホン・ギョンピョさんがテストからガンガン降らしまくって、12トン用意していた散水車の水が本番前に足りなくなってしまったりで、撮影がかなりおしてしまった。あと2カットくらいかなというところで現場を任されていたプロデューサーが僕のいないところで撮影の終了を決定。後日もし撮影するとしてもソヨンは顔が見えないから代役で、と一方的に宣言してしまった。それまでにもワンカットごとに「ここは代役でいいんじゃないか」「テストは雨はいらないだろう」と僕とホンさんにプレッシャーをかけるのでホンさんは露骨に不機嫌な顔をしていた。僕も「背中も芝居しますから」と押しきったが「韓国ではこういうシーンは一般的にはダミーだ」となかなか強情。

こっそりホンさんに聞いたら「ポン・ジュノ[222]だって、イ・チャンドン[223]だって、ダミーなんか使わねえよ」ときっぱり。僕もその2人の方針に従うことにした矢先の出来事だったので、藤本さんに呼ばれてそのミーティングに参加した時には自分で言うのも何だけど、久しぶりに、本当に久しぶりに（正確には27年ぶりに）怒りで声を震わせてしまった。

「まず、そういう話は、僕のいるところでするのが筋。この作品は特別なキャストと特別なスタッフが特別な映画を作るために結集していると思っていたのだけれど勘違いだったのか。クランクアップ直前ならまだしも撮影2日目で、2カット撮りこぼしただけで打ち切りだダミーだなどとプロデューサーが監督の頭ごしに決定するような現場なのか」と。

あまり大きな声を出してはいないのだが、確実に怒りで声は震えていた。なぜなら、隣りで僕の言葉を通訳していた藤本さんの声が同じように震えていたから。そのことで逆に僕自身は少しクールダウンできた。後にも先にもこんな険悪な瞬間はこれっきりで、その後は撮影終了まで基本和やかに進んでいったので、まぁ、一度このタイミングで衝突しておくことは必要だったのかなと、後になって考えるとそうなんだけど、この日は滅茶苦茶自己嫌悪で落ち込んでしまった。監督はたとえ怒るにしても、感情的にではなく演出として「怒ってみせる」のでなくては駄目だ。

でも、この対立の後で、藤本さんともホンさんともちょっと距離をつめられたような気がしたのも事実だから、いつもニコニコ笑っているだけではやはり駄目なんだろうと思った。

あとでこっそりホンさんに「こういう時は韓国語でなんて悪態吐くんですか？」と聞いたら「ノーミッチョンニャ」と教えてくれた。日本語だと何がぴったりなのかわからないのだけれど、意訳をすると「(てめえ)寝言言ってんのか？」だろうか。

実際口にする機会は幸いにも『ベイビー・ブローカー』撮影中には訪れなかった。今後も無いことを願っているが、韓国人のいない現場でこっそりこの一言を呟いてみたい願望もちょっと無くは、ない。

フランスとの大きな違いのひとつは、フランス語と韓国語の文法の違いであった。もとより、僕は日本語しか話せないわけで、どちらも言語としては理解出来ないのであるが、フランスで何より難しかったのは編集であった。2人の人間が話している、その会話の途中、どこでカットして切り返し、相手の顔を映したら不自然でないのか？　そのポイントがまったくわからない。「そこでは切らないですね」というアドバイスに従うしかなかった。そういうことが、韓国語では無かった。基本的には文法は日本語にとても近いので語順も変わらない。そうなると編集点で悩まなくてすむ。これはたいへん大きかったと思う。

そして、自分自身に起きた大きな変化を実感したのは、韓国での撮影を終えて日本に戻り、京都で『舞妓さんちのまかないさん』(224)の撮影を始めた2021年の8月だった。

太秦に建てられた屋形という芸妓さん舞妓さんが共同生活を送るセットが主な撮影現場だったが、このセットの中にもっとも多い時は、お母さんの松坂慶子さん、梓さんの常盤貴子さんに舞妓役の女の子たちがつる駒、菊乃、琴乃、梓さんの娘の涼子、そしてすみれとキヨ。計8人。

ここだけの話、僕はワンシーン6人を越えると全員の芝居は判断が出来ない。なぜ6

人かと言えば僕が学生時代バレーボール部に所属していて、セッターだったからではないかと勝手に思っている。フォーメーションを考え、相手のブロックの動きを横目で見ながら、他の5人をどう動かしていくかがセッターの役割。特に優れたプレーヤーではなかったけれど、自分を含めた6人までは有機的に視界に捉えジャッジが出来るが、それ以上は無理。モニターで事後的に判断せざるをえなかった。それがどうしたことか8人でも大丈夫。さらに言うと、一人ひとりのお芝居のディテールが、かなり詳細に、粒立って網膜に届いてくる印象だ。（あれ？　成長したか？）というのが正直な実感だった。

おそらくこれは、フランス、韓国で演出をするうえで、言語以外の情報で、芝居の良し悪しを把握する必要があったために、それまでとは違う目と耳と脳みその使い方をしなければならなかった。きっとそのことで、そのまま理解出来る日本語の台詞、芝居を演出することによって「余力」が出来たということかもしれない。レンズの解像度やカメラの画素数が上がった、というような、そんな感覚だった。これは驚きだったし、嬉しい変化だった。きっと最初だけでやがては失われてしまうのだろうと思ってはいるのだが、その翌年、２０２２年に撮影した『怪物』(225)の時も、感覚としては残ったままだった。

デビューから15年程、基本的には劇場公開用の映画ばかりを撮っていた時には映画制作はマラソンだと思っていた。42・１９５キロを完走すると体力も気力も使い果たして倒れてしまう。そんな感覚。それが２０１２年に『ゴーイング マイ ホーム』(226)という連続ドラマをひとりで監督し終えた後に自分の中で変化した。連ドラは、トライアスロンだった（したことないけど）。トライアスロンを一度経験したら長篇映画１本を撮ることは自分の中で中距離走に変化した。１万メートルくらいかな（走ったことないけど）。つまり走りながらペース配分を考えて、微調整しながら周囲も見渡す余裕が生まれたのだ。従って今回我が身に起きた確変は人生２度目ということになる。まだ成長出来るな、と本気で思っている。体力しか才能の無い監督だと、謙遜でもなんでもなく思っているけれど、まだ改善出来るポイントはいくつもあるな。与えられたものを１００パーセントは使いきってないなという感覚。この感覚があるうちは、制作が惰性にはならないと思っている。

２０２２年の春には延期になっていた新作の映画の撮影が始まった。いまだ完成していないこの『怪物』についてここに記すのはちょっと時期尚早かと思うので、ほんのさわりだけ。企画のスタートはコロナ禍が世界を覆ってしまう以前だったので２０１９年だったと思う。自分で自分の映画の脚本を書かず、誰かにお願いするとしたらという問いには常に坂元裕二という名前を挙げていたので、その坂元さんから監督候補として僕の名前が出たという企画を断る選択肢はなかった。何より、手渡されたロングプロットがたいへんチャレンジングで面白かった。

キャストは坂元組と是枝組のハイブリッドという形。スタッフは基本は4年前の『万引き家族』を引き継ぐ形だ。一番古いお付き合いになるのはヘアメイクの酒井夢月さん(227)。彼女とは『ワンダフルライフ』がスタート。録音の冨ちゃん(228)は助手時代からだと『誰も知らない』以来。衣裳デザインの黒澤和子さん(229)は『花よりもなほ』から。照明の尾下さん(230)は『歩いても 歩いても』。このあたりが古株。助監督の森本君(231)は映画は『そして父になる』の時はまだサードだったけどもうすっかりチーフ。そろそろ卒業して監督に向かう時期。大学の教え子だった伴瀬さん(232)は、制作実習が縁で進路を変え、『万引き家族』からアシスタントプロデューサーで是枝組に参加。7年目の今回はプロデューサー。そのように仕組んだわけではないが、気付いたら新旧、老若混成のバランスよいチームが出来ている。

なかでも今回の撮影で頼りにしたひとりが制作担当の後藤一郎君。『海街diary』からの参加と記憶しているが、『万引き家族』の、あの柴田家の家族が暮らす家を見つけてきてくれたのが彼だ。脚本を読んで自分なりにイメージを抱いて、「こんなのどうでしょう」と監督に提案してくれるのが主な仕事だけれど、その物件によって脚本が変わってしまうこともある。『万引き家族』の時も「ここだとまわりのマンションに邪魔されて隅田川の花火は音しか聞こえないですね」と一郎君が話してくれたひと言に触発されて、見えない花火を皆で見上げるシーンを思いついたのだから、彼の仕事がいかに大切かご理解いただけると思う。

まだ内緒なのだが、今回の脚本には火事のシーンがあって、消防署の協力が不可欠だったのだが、ロケハンで訪れたその街（まだ秘密）はとにかくどういうお願いの仕方をしたらこんなに協力的になってくれるのか？　というくらいの全面協力態勢で、消防車からハシゴ車まで出動してくれることになっていた。そんな時も一郎くんは決して（やってやったぜ）というような言動はせず、あくまでもの静かに、自分の仕事をしたまでですという顔で、すみのほうに立っている。なんというか、信頼できる。自分の娘がこんな男を結婚相手として連れてきたら、おそらくどんな親も安心して送り出すのではないか、と思ってしまう、この業界には珍しいタイプの人間なのである。

チームカラーというのはこのようにそれを構成する一人ひとりの個性の積み重ねによって決まるし、変わり続けていくものだ。だから本来はスタッフが変われば、是枝組の色は変わり、そこから生まれる映画も変わるはずだ。であるならば、ほぼ海外のスタッフだけで撮った『真実』と『ベイビー・ブローカー』は作風がそれまでとガラッと変わっていてもおかしくない。

別に作品を通して実験をしているつもりは無いのだけれど、自分の映画がまとっている、まとっていると観る方々に思われている〝是枝らしさ〟とはなんなのか？　それは僕が生まれ育った国や、母語である日本語を離れても残るものなのだろうか？　そんな問いを胸に抱いて取り組んだのが『真実』であり『ベイビー・ブローカー』だった。どちらの作品にも観た方々からは両極の感想が届いた。クレジットを見なければ是枝さんの作品だとは気づかなかったという意見と、どこからどう見ても是枝さんの映画だったという意見。後者のほうが嬉しいかと問われたら、実はそれ程でもない。私の私らしさなど大したものではない。もしそれが作品内に残っているとして、それは自分が否応なく日本人であることに由来するものなのか？　それとも是枝個人の世界観、人間観、映画観によるものなのか？　どちらにしろ、あまり自分のことが好きではないので、自分に似ていなくても面白いほうがいい。似ててつまらないのが最悪だ。〝らしさ〟は「呼吸のようなものだ」と言う人がいた。だとするとそれは編集のリズムなのだろうか。

さらに大きくふくらんだそんな問いを両手で抱えて『怪物』に臨んだわけである。そこにひとつの答えがあるかもしれない。なぜなら、今回は脚本を自分では書いていないのだ。あの坂元裕二の手による台詞をこの自分が演出するのだ。いつもなら、こどもたちには脚本は渡さず、物語も伝えずに撮影をスタートさせるのだが、今回は台本を事前に渡し、本読みもし、立ち稽古的なこともやり、役を理解してもらうために様々な分野の専門家の人たちに参加してもらってレクチャーも行なった。いつもと180度逆のアプローチで人物を作ってみた。はたしてそれでも『怪物』が是枝の監督作品となっているのか、いないのか。なっていないが、抜群に面白い、というのが、内心一番嬉しい感想のような気もするが、まだ完成していないので現段階ではなんとも言えない。

この先にどこへ向かうのかはまだ何も決めてはいない。『舞妓さんちのまかないさん』はあるものの、映画としては5年ぶりに日本での作品を制作し、「ただいま」とホームグラウンドに戻って来たなという気持ちは正直ある。国内でやりたいと前々から思っている企画も引き出しの中にも机の上にも山積みだ。原作の映像化の話も国内外から届いている。なんて恵まれているのだろうと正直思う。これは誰にありがとうを言えばいいのか。とりあえずは人一倍丈夫な身体に生んでくれた両親に手を合わせておこう。

そんな状況だと、逆に次の一歩をどこへ踏み出すのか？　選択肢が多過ぎて決めかねている。勉強もしたい。贅沢な悩みではある。この先の10年15年を考えた時に制作のフィールドをどうするのかも考えなければいけない。配信へ軸足を移してしまったほうがいろいろな意味で楽になる。間違いない。配信の隆盛はクリエイターとしては、作品を発表できるプラットホームが増えるわけだから、大歓迎だ。劇場公開、という形へのこだわりを捨てさえすれば。これがしかし、なかなか簡単ではないわけであるが……。

映画は変わる。変わり続ける。当然作り方が変わる。

95年公開のデビュー作『幻の光』(233)はフィルム編集だった。スタインベックという大きく、重く、うるさい機械だった。不便だった。そこが良かった。『ワンダフルライフ』はテレビ番組のようにVHSテープで編集をした。3作目の『ディスタンス』はノンリニア編集（AVID）だった。便利でいつまでも変更出来るので、(仮)の文字が消せなくなった。撮影は『真実』までは『三度目の殺人』だけを除いてすべてフィルム。

『舞妓さんちのまかないさん』と『怪物』はデジタルに変えた。30年弱でここまで変わってしまった。それでも変わらないであろう映画の原初の形と、早晩映画とは呼ばれなくなるであろう「映画」の間を往来しながら自分は映像を作り続けていくことになるだろう。

これからの10年は映画にとっても、映画監督にとっても岐路だろうと思う。「はじめに」でコペンハーゲンでのレトロスペクティブの話に少し触れたが、ここで『ワンダフルライフ』の上映があった。35ミリプリントのフィルム上映だった。ラスト15分しか立ち合えなかったのだけれど、この時スクリーンに映し出されていた映像に、自分の作品であることを忘れて見入ってしまった。フィルムの粒子感（これはデジタルで事後的にプラスしようと思えば可能）はもちろんだけれど、何より映写ブレに感動してしまったのだ。デジタル上映の場合、画面のフレームはもちろん全くカクカクしたりしないのだが、フィルム上映だとどうしてもガタつく。これはマイナスだと思われて来たのだと思うけれど、そのことによって全体の輪郭やらフォーカスやらがやんわりとにじみ、ひとつに包まれてこちらに届いて来た。「甘いフォーカスはフィルムなら味で済んだけどデジタルだと単なる技術的なミスにしか見えない」と若いカメラマンに言われたことがあるのだけれど、とても納得出来てしまった。

いや、むしろ驚愕してしまった。

こんなに「映画」は短期間に変わってしまい、そのどちらにも自分は「映画」として関わり、平然としていたことに。改めて。

上映が終わって映写技師が降りて来て「どうだった？　良かったろう」と握手を求めて来た。そうそう、この儀式が映画祭では毎回あったのだ。映画作りから失われたフィルムチェンジの時間、重たい機材、上映から失われたフィルムチェンジの手間、その合図としてフィルムに刻印されていたマーク、これらが映画と映画作りの空間と時間をある種の「祝祭」に変えていたのだろう。それらが一気に失われた。更に今映画館の闇も失われつつある。僕自身の中では紙でないものを本とは呼ばないのと同様、映画館を失ったら映画は映画ではなくなるのだとは思う。

『映画を撮りながら考えたこと』の前書きで僕は映画に対して抱く感情を「畏怖」と「憧憬」と書いた。多分その感情は変わらない。しかし、どこまでその変化に伴走するのか、どこかで立ち止まって見送るのかは、まだ決めかねているのが現在地ではある。

かつての映画とこれからの映画と。いずれにせよその引き裂かれた状況を今まで以上に面白がりたいと思う。

2023年2月1日

是枝裕和

〔註釈〕

（1）『ベイビー・ブローカー』……2022年・韓国。監督・脚本＝是枝裕和、出演＝ソン・ガンホ／カン・ドンウォン／ペ・ドゥナ／イ・ジウン　「赤ちゃんポスト」で出会った人々の予期せぬ旅を描き、第75回カンヌ国際映画祭で2冠（最優秀男優賞＝ソン・ガンホ　エキュメニカル審査員賞）に輝く。

（2）カトリーヌ・ドヌーヴさん……カトリーヌ・ドヌーヴ（1943〜）女優。フランスのパリ生まれ。『悪徳の栄え』で注目を集め、『シェルブールの雨傘』で世界的な人気を得る。ほか代表作に『ロシュフォールの恋人たち』『昼顔』など多数。

（3）ジュリエット・ビノシュさん……ジュリエット・ビノシュ（1964〜）女優。フランスのパリ生まれ。レオス・カラックス監督の『汚れた血』『ポンヌフの恋人』でスターの地位を確立。ほか代表作に『トリコロール／青の愛』『イングリッシュ・ペイシェント』など。世界三大映画祭のすべての女優賞を受賞。

（4）福間さん……福間美由紀。プロデューサー。東京大学大学院修了後、テレビマンユニオンに入社。是枝監督率いる映像制作者集団「分福」に立ち上げから参加。主に企画、プロデュース、海外展開に従事。是枝作品に継続的に関わってきた。このほか、石川慶・早川千絵他監督『十年　Ten Years Japan』など数多くの作品を手がけている。

（5）マチルドさん……マチルド・インセルティ。プロデューサー。数多くの映画の宣伝を手がける。ミヒャエル・ハネケ監督、ジュリエット・ビノシュ主演の『コード：アンノウン』、是枝作品では『海街diary』『三度目の殺人』『万引き家族』の宣伝を担当。

（6）樹木希林さん……樹木希林（1943〜2018）女優。東京生まれ。是枝監督作品には『歩いても 歩いても』『そして父になる』『海街diary』『海よりもまだ深く』『万引き家族』と出演多数。

（7）『真実』……2019年・フランス／日本。監督・脚本＝是枝裕和、出演＝カトリーヌ・ドヌーヴ／ジュリエット・ビノシュ／イーサン・ホーク　母と娘の間に隠された真実をめぐる物語。第76回ヴェネチア国際映画祭で、日本人監督作として初めてオープニング作品として上映された。

（8）也哉子さん……内田也哉子（1976〜）エッセイスト、女優、歌手。東京生まれ。父は内田裕也（ミュージシャン、男優）、母は樹木希林。夫は男優の本木雅弘。

（9）『サンセット大通り』……1950年・アメリカ。監督＝ビリー・ワイルダー、出演＝グロリア・スワンソン／ウィリアム・ホールデン　過去の栄華を忘れられない往年の大女優と売れない脚本家の偶然の出会いがもたらす悲劇。

（10）グロリア・スワンソン……（1897〜1983）女優。アメリカのシカゴ生まれ。サイレント期を代表する大スター。映画界引退後、『サンセット大通り』でカムバックし、ゴールデングローブ賞主演女優賞（ドラマ部門）を受賞。

（11）ノーマ・デズモンド……『サンセット大通り』の主人公。サイレント映画時代に名を馳せた大女優。ノーマが暮らす大邸宅は豪奢だが荒れ果てており、彼女に仕える老召使いの姿も含め、昔のまま時が止まった印象を示す。

(12)『プリズン・ブレイク』……2005年より放映され、世界的な人気を誇るFOX製作のテレビドラマシリーズ。「無実の罪で死刑宣告された兄を助けるため、弟が脱獄を計画する」シーズン1に始まり、シーズン5まで製作されている。

(13)イーサン・ホーク……(1970〜)男優、小説家、映画監督。アメリカのテキサス州生まれ。俳優としての代表作に『いまを生きる』『ガタカ』『6才のボクが、大人になるまで。』『魂のゆくえ』ほか。

(14)カンヌ映画祭……正式名称は「カンヌ国際映画祭」。南フランスのカンヌ市で開かれる。『誰も知らない』(2004)では柳楽優弥が最優秀男優賞を受賞、『万引き家族』(2018)は最高賞であるパルムドールを受賞。

(15)プロデューサーのミュリエル……ミュリエル・メルラン(1962〜)フランス生まれ。映画プロデューサー。主な担当作品に『欲望の旅』『フランドル』『カミーユ・クローデル　ある天才彫刻家の悲劇』など。『真実』の制作を務める。

(16)パルムドール……カンヌ国際映画祭コンペティション部門の最高賞。『万引き家族』のほか、日本映画のパルムドール受賞作には『地獄門』『影武者』『楢山節考』『うなぎ』がある。

(17)『ビフォア』シリーズ……1995年のアメリカ映画『恋人までの距離《ディスタンス》』(DVD発売

時『ビフォア・サンライズ 恋人までの距離』に改題)、続編の『ビフォア・サンセット』、『ビフォア・ミッドナイト』。主演はイーサン・ホークとジュリー・デルピー。

(18)『6才のボクが、大人になるまで。』……2014年・アメリカ。監督＝リチャード・リンクレイター、出演＝パトリシア・アークェット／イーサン・ホーク 両親の離婚後、子どもから青年へと成長していく姿を描写、製作に12年を要している。イーサン・ホークは父親役を演じた。

(19)アレクセイ・アイギさん……アレクセイ・アイギ(1971〜)作曲家、バイオリン奏者。ロシアのモスクワ生まれ。映画『草原の実験』『カリキュレーター』などの音楽を担当。

(20)ハネケ……ミヒャエル・ハネケ(1942〜)映画監督。ドイツのミュンヘン生まれ。90年代以降のオーストリアを代表する監督。殺人事件や暴力を描きながら、社会や人間の内面に迫る作風で知られる。代表作に『ファニーゲーム』『ピアニスト』など。

(21)『隠された記憶』……2005年・フランス／オーストリア／ドイツ／イタリア。監督＝ミヒャエル・ハネケ、出演＝ダニエル・オートゥイユ／ジュリエット・ビノシュ ある夫婦のもとに送られてきた隠し撮りテープをきっかけに家族が崩壊していく。カンヌ国際映画祭で監督賞など3部門受賞。

(22)キェシロフスキ……クシシュトフ・キェシロフスキ(1941〜1996)。映画監督。ポーランドのワルシャワ生まれ。当初ドキュメンタリー作品を手がけていた。人間の運命や不条理を深く見つめ、哲学的ともいえる視座を示す。代表作に『殺人に関する短いフィルム』『デカローグ』『ふたりのベロニカ』『トリコロール』3部作など。

(23) **『トリコロール／青の愛』**……1993年・フランス／スイス／ポーランド。監督＝クシシュトフ・キェシロフスキ、出演＝ジュリエット・ビノシュ／ブノワ・レジャン『トリコロール』3部作の第1作。音楽家の夫と最愛の娘を事故で亡くした女性の、魂の再生の物語。

(24) **シモーヌ・シニョレ**……（1921～1985）女優。ドイツ生まれ、フランス育ち。退廃的なムードの犯罪映画「フィルム・ノワール」の代表的ヒロイン。代表作に『肉体の冠』『嘆きのテレーズ』など。

(25) **ジャンヌ・モロー**……（1928～2017）女優、映画監督。フランスのパリ生まれ。戦後フランスを代表する女優。『死刑台のエレベーター』『恋人たち』で一躍名声を得る。ほか代表作に『夜』『突然炎のごとく』など。

(26) **アンナ・マニャーニ**……（1908～1973）女優。イタリアのローマ生まれ。ネオレアリズモの傑作『無防備都市』（45年）が出世作。

(27) **ジーナ・ローランズ**……（1930～）女優。アメリカのウィスコンシン州生まれ。主な作品は夫のジョン・カサヴェテスが監督を務めた『フェイシズ』『こわれゆく女』『オープニング・ナイト』『グロリア』ほか。

(28) **リヴ・ウルマン**……（1938～）女優、映画監督。東京生まれ。両親はノルウェー人。

カナダ、アメリカを経てノルウェーにもどり映画デビュー。巨匠イングマール・ベルイマン作品の常連として知られる。

(29) **こんな雨の日に**……2003年暮れにPARCO劇場で上演するべく準備していた未完成の脚本の題名。実現には至らなかった。キャリアの晩年を迎えた老女優の物語で、上演前と上演後の楽屋だけを舞台にしている。「こんな雨の日にお芝居観にくる人なんているのかしら」と化粧をしながら楽屋で主人公が呟く台詞がタイトルになっている。

(30) **イニャリトゥ監督**……アレハンドロ・ゴンサレス・イニャリトゥ（1963〜）映画監督。メキシコ生まれ。『バベル』『バードマン あるいは（無知がもたらす予期せぬ奇跡）』『レヴェナント：蘇えりし者』など話題性の高い作品を発表し続けている。

(31) **『バードマン』**……『バードマン あるいは（無知がもたらす予期せぬ奇跡）』2014年・アメリカ。監督＝アレハンドロ・ゴンサレス・イニャリトゥ、出演＝マイケル・キートン 『バードマン』でヒーローを演じ一世を風靡した主人公が、ブロードウェイで公演を行おうと悪戦苦闘する姿をブラックに描く。

(32) **『三度目の殺人』**……2017年・日本。監督・脚本＝是枝裕和、出演＝福山雅治／役所広司／広瀬すず 是枝監督のオリジナル脚本による法廷サスペンス。第74回ヴェネチア国際映画祭コンペティション部門への正式出品作品。第41回日本アカデミー賞では最優秀作品賞をはじめ10賞を獲得。

(33) **ヴェネチア映画祭**……正式名称は「ヴェネチア国際映画祭」。イタリアのヴェネチアで開催される。ベルリン、カンヌと並ぶ世界三大映画祭のひとつ。

(34)**『ロシュフォールの恋人たち』**……1966年・フランス。監督＝ジャック・ドゥミ、出演＝カトリーヌ・ドヌーヴ／フランソワーズ・ドルレアック／ジーン・ケリー　ドヌーヴと実姉ドルレアックが双子姉妹を演じたミュージカル映画。海辺の街を舞台に、素敵な恋人を待ち焦がれる2人を描く。

(35)**『パリジェンヌ』**……1961年・フランス。監督＝ジャック・ポワトルノー／ミシェル・ボワロン／クロード・バルマ／マルク・アレグレ、出演＝カトリーヌ・ドヌーヴ　4人のパリジェンヌの恋と生活を描くオムニバス。ドヌーヴは恋に憧れる女子学生ヒロインを演じた。ロジェ・ヴァディムは脚本で参加。

(36)**ロジェ・ヴァディム**……（1928～2000）映画監督。フランスのパリ生まれ。56年、当時22歳の妻ブリジット・バルドーを主役に据えた『素直な悪女』で監督デビュー。代表作に『悪徳の栄え』。バルドーと離婚した後、ジェーン・フォンダ、ドヌーヴらと浮き名を流すプレイボーイぶりでも名を馳せた。

(37)**ブリジット・バルドー**……（1934～）。女優、歌手。フランスのパリ生まれ。頭文字から「BB（べべ、フランス語で「赤ん坊」の意味）」の愛称で親しまれる。「フランスのマリリン・モンロー」とも称される。代表作に『素直な悪女』『軽蔑』など。

(38)**ドゥミ**……ジャック・ドゥミ（1931～1990）。映画監督。フランス生まれ。デビュー作は「ヌーヴェル・ヴァーグの真珠」と称される。ドヌーヴ主演の『シェルブールの雨傘』『ロシュフォールの恋人たち』など斬新なミュージカル映画を創り出した。

(39) **ブニュエル**……ルイス・ブニュエル（１９００〜１９８３）。映画監督。スペイン生まれ。シュルレアリスム映画の先駆者。ドヌーヴを主演とした作品に『昼顔』『哀しみのトリスターナ』。ほか代表作に『アンダルシアの犬』『小間使の日記』など。

(40) **トリュフォー**……フランソワ・トリュフォー（１９３２〜１９８４）。映画監督。フランスのパリ生まれ。ヌーヴェル・ヴァーグを代表する監督。自伝的な長編デビュー作『大人は判ってくれない』は大ヒットを記録。ドヌーヴ主演作に『暗くなるまでこの恋を』。ほか代表作に『突然炎のごとく』など。

(41) **福山さん**……福山雅治（１９６９〜）。シンガーソングライター、男優。長崎県生まれ。テレビドラマ『ガリレオ』『龍馬伝』、映画『容疑者Xの献身』などに主演。是枝監督作品では『そして父になる』と『三度目の殺人』で主演を務めた。

(42) **役所さん**……役所広司（１９５６〜）男優。長崎県生まれ。78年に俳優養成所「無名塾」入塾。84年のＮＨＫドラマ『宮本武蔵』でドラマ初主演。主な映画出演作に『タンポポ』『Shall we ダンス?』『うなぎ』など。『三度目の殺人』では容疑者を演じている。

(43) **すず**……広瀬すず（１９９８〜）。女優。静岡県生まれ。『海街diary』では数多くの映画賞で新人賞を獲得。映画『ちはやふる』『三度目の殺人』に出演のほか、ＮＨＫ連続テレビ小説１００作目となる『なつぞら』のヒロインを務める。

(44) **北野武さん**……北野武（1947〜）。男優、映画監督。東京生まれ。漫才コンビ「ツービート」を足がかりに人気を博し、俳優としては『戦場のメリークリスマス』で注目を集める。89年に北野武名義で『その男、凶暴につき』を監督、『HANA-BI』でヴェネチア国際映画祭グランプリ受賞。ほか代表作に『ソナチネ』『座頭市』『アウトレイジ』シリーズなど。

(45) **『暗くなるまでこの恋を』**……1969年・フランス。監督＝フランソワ・トリュフォー、出演＝ジャン＝ポール・ベルモンド／カトリーヌ・ドヌーヴ　見合い写真の相手と待ち合わせたルイの前に現れたのは写真とは似ても似つかぬ美女だったが……。妖艶なドヌーヴが魅力的なサスペンス。

(46) **J＝P・ベルモンド**……ジャン＝ポール・ベルモンド（1933〜2021）。男優。フランスのパリ郊外、ヌイイ＝シュル＝セーヌ生まれ。ジャン＝リュック・ゴダール監督の『勝手にしやがれ』の主演を機に世界的スターとなり、ヌーヴェル・ヴァーグの象徴的なアンチ・ヒーロー像として記憶される。ほか代表作に『リオの男』『気狂いピエロ』など。

(47) **『幸せはパリで』**……1969年・アメリカ。監督＝スチュアート・ローゼンバーグ、出演＝ジャック・レモン／カトリーヌ・ドヌーヴ　妻子に虐げられている中年サラリーマンと、美しい社長夫人が巻き起こすロマンティック・コメディ。

(48) **アクターズ・スタジオ・インタビュー**……アメリカで放映されている、俳優や映画監督へのインタビューを主としたトーク番組。１９９４年に放映開始し、現在も続いている。

(49) **ポール・ニューマン**……（１９２５～２００８）男優。アメリカのオハイオ州生まれ。アメリカン・ニューシネマの代表的名作『明日に向って撃て！』で世界のトップスターに。ほか代表作に『ハスラー』『スティング』など多数。

(50) **ベティ・デイヴィス**……（１９０８～１９８９）女優。アメリカのマサチューセッツ州生まれ。30～40年代にかけて意志的な女性を演じ、新しい女性像を打ち立てた。代表作に『黒蘭の女』『イヴの総て』ほか。『八月の鯨』では79歳で主演を務めた。

(51) **イーストウッド**……クリント・イーストウッド（１９３０～）男優、映画監督。アメリカのカリフォルニア州生まれ。映画『荒野の用心棒』『夕陽のガンマン』などで主演、『ダーティハリー』シリーズで不動の人気を築く。監督作品に『マディソン郡の橋』『ミリオンダラー・ベイビー』など。

(52) **チェーホフ**……マイケル・チェーホフ（１８９１～１９５５）。俳優、演出家、演技教師。ロシア生まれ。第二次世界大戦の直前よりアメリカにわたり、俳優業と並行して多くのハリウッド俳優を指導した。

(53) **心理的身振り**……マイケル・チェーホフの提唱するテクニックにおいて最も有名なもののひとつ。人間はがっかりしている時には自然と俯いている。心理が身振りを作り、また身振りが心理に影響を与えることもある。これを演技に応用するための一連のメソッド。

(54)『終電車』……1980年・フランス。監督＝フランソワ・トリュフォー、出演＝カトリーヌ・ドヌーヴ／ジェラール・ドパルデュー　ナチス占領下のパリを舞台に、劇場を存続させようとする演劇人たちの生活と恋愛を描く。

(55)『モン・パリ』……1973年・フランス／イタリア。監督＝ジャック・ドゥミ、出演＝マルチェロ・マストロヤンニ／カトリーヌ・ドヌーヴ　男性が妊娠するという珍事件から始まるラブコメディ。当時、私生活でもパートナーだった2人が夫婦役を演じた。

(56)マストロヤンニ……マルチェロ・マストロヤンニ（1924〜1996）。男優。イタリア生まれ。フェデリコ・フェリーニ監督作品『甘い生活』『8½』などで監督の分身的な人物を演じる。代表作に『黒い瞳』『百一夜』など多数。

(57)『インドシナ』……1992年・フランス。監督＝レジス・ヴァルニエ、出演＝カトリーヌ・ドヌーヴ／ヴァンサン・ペレーズ　インドシナ生まれのフランス人女性が、養女に迎えた現地人の娘を育てながら、独立運動の波にもまれ全てを失っていく。

(58)『昼顔』……1967年・フランス／イタリア。監督＝ルイス・ブニュエル、出演＝カトリーヌ・ドヌーヴ／ジャン・ソレル　ドヌーヴ演じる主人公は貞淑でありながら、昼は娼館で働く若き人妻。

(59)『キングス&クイーン』……2004年・フランス。監督＝アルノー・デプレシャン、出演＝マチュー・アマルリック／エマニュエル・ドゥヴォス／カトリーヌ・ドヌーヴ　3

度目の結婚を間近に心が揺れ動く子持ちのキャリアウーマンと、彼女を取り巻く不器用な男たち。

(60)『**クリスマス・ストーリー**』……２００８年・フランス。監督＝アルノー・デプレシャン、出演＝カトリーヌ・ドヌーヴ／ジャン＝ポール・ルシヨン　クリスマスを祝うため5年ぶりに全員が集まった家族の愛憎と確執。

(61)『**ヴァンドーム広場**』……１９９８年・フランス。監督＝ニコール・ガルシア、出演＝カトリーヌ・ドヌーヴ／エマニュエル・セニエ　宝石店が建ち並ぶパリのヴァンドーム広場を舞台に、ダイヤモンドをめぐる陰謀を描く。

(62)**向田邦子**……（１９２９～１９８１）。テレビドラマ脚本家、エッセイスト、小説家。東京生まれ。代表作に『時間ですよ』『寺内貫太郎一家』『阿修羅のごとく』『あ・うん』など。短編小説『花の名前』『かわうそ』『犬小屋』で第83回直木賞を受賞。

(63)**プリプロ**……プリプロダクションの略語。撮影を開始するために必要な事前作業の総称。脚本や絵コンテ、スタッフ・キャストの決定、撮影場所の確保など。

(64)『**歩いても 歩いても**』……２００８年・日本。監督・脚本＝是枝裕和、出演＝阿部寛／夏川結衣　長男の十五周忌で実家に集まった次男一家。年老いた両親の姿を繊細に映し出す。

(65)『**海街diary**』……２０１５年・日本。監督・脚本＝是枝裕和、出演＝綾瀬はるか／長澤まさみ／夏帆／広瀬すず　原作は吉田秋生による同名の人気マンガ。家を出た父の死をきっかけに、3姉妹が中学1年生の異母妹とともに暮らし始める。カンヌ国際映画祭コンペティション部門出品作品。第39回日本アカデミー賞では最優秀作品賞など12部門受賞。

(66) **綾瀬はるかさん**……綾瀬はるか（1985〜）女優、歌手。広島県生まれ。2004年、テレビドラマ『世界の中心で、愛をさけぶ』のヒロインに抜擢。映画『おっぱいバレー』『海街diary』では多くの主演女優賞を獲得。

(67) **フランス映画祭**……1993年より日本で毎年行われている映画祭で、日本初公開となるフランス映画の上映が中心となる。

(68) **『雪の轍』**……2014年・トルコ／フランス／ドイツ。監督＝ヌリ・ビルゲ・ジェイラン、出演＝ハルク・ビルギネル／メリサ・ソゼン　カッパドキアの景色を背景に、洞窟ホテルを営む夫婦の葛藤、人間の愛憎を描く。第67回カンヌ国際映画祭でパルムドールを受賞。

(69) **『哀しみのトリスターナ』**……1970年・イタリア／フランス／スペイン。監督＝ルイス・ブニュエル、出演＝カトリーヌ・ドヌーヴ／フェルナンド・レイ　舞台は1920年代末のスペイン。ドヌーヴ演じるトリスターナは両親を失い、没落貴族のロペに引き取られる。

(70) **テシネ**……アンドレ・テシネ（1943〜）映画監督。フランス生まれ。エッジの利いた恋愛劇を得意とし、70年代以降のフランス映画界に新風を送りこむ。代表作に

『ブロンテ姉妹』など。『ランデヴー』で第38回カンヌ国際映画祭監督賞を受賞。

(71) **ダニエル・オートゥイユ**……(1950〜)男優。アルジェリア生まれ。舞台俳優として活躍し、75年『ヘルバスター』で映画デビュー。『愛と宿命の泉』で注目を浴びる。ほか代表作に『愛を弾く女』『八日目』『隠された記憶』など。

(72) **『私の好きな季節』**……1993年・フランス。監督＝アンドレ・テシネ、出演＝カトリーヌ・ドヌーヴ／ダニエル・オートゥイユ　温厚な夫、2人の子どもを持ち、満ち足りた生活を送るエミリー。彼女に特別な感情を持つ弟との再会を通し、家族の絆を描く。

(73) **トラベリング**……カメラを左右、前後などに動かしながら撮影すること。手持ちでカメラマンが動いたり、台車を使ったりして撮影する。移動ショット。

(74) **フランソワ・オゾン**……(1967〜)映画監督。フランスのパリ生まれ。80年代後期から短編作品で評価され、『海をみる』で長編デビュー。ミュージカル映画『8人の女たち』はフランスを代表する女優を集めた豪華キャストで、ドヌーヴも出演している。

(75) **アルノー・デプレシャン**……(1960〜)映画監督。フランス生まれ。90年の長編デビュー作『二十歳の死』で多くの賞を獲得。ドヌーヴの出演作に『キングス&クイーン』『クリスマス・ストーリー』。ほか代表作に『そして僕は恋をする』など。

(76) **『ザ・ロイヤル・テネンバウムズ』**……2001年・アメリカ。監督＝ウェス・アンダーソン、出演＝ジーン・ハックマン／アンジェリカ・ヒューストン　テネンバウム家の3人の子どもはみな天才児だったが、その後の人生は問題だらけ。久しぶりに集合した家族の再生を描く。

(77) **ウェス・アンダーソン**……（1969〜）映画監督。アメリカのテキサス州生まれ。2001年、『ザ・ロイヤル・テネンバウムズ』で一躍脚光を浴びる。ほか多くの映画賞を獲得した『グランド・ブダペスト・ホテル』、アニメーション映画『犬ヶ島』がある。

(78) **マリリン・モンロー**……（1926〜1962）女優。アメリカのロサンゼルス生まれ。映画『イヴの総て』で注目される。代表作に『ナイアガラ』『紳士は金髪がお好き』『七年目の浮気』『お熱いのがお好き』など。

(79) **イングリッド・バーグマン**……（1915〜1982）女優。スウェーデンのストックホルム生まれ。『カサブランカ』『誰が為に鐘は鳴る』『ガス燈』『白い恐怖』『汚名』など次々に人気作のヒロインを務める。ほか代表作に『追想』『オリエント急行殺人事件』など。

(80) **シネフィル**……フランス語で「映画狂」の意味。

(81) **リチャード・リンクレイター**……（1960〜）映画監督。アメリカのヒューストン生まれ。インディペンデント映画界から頭角を現し、『恋人までの距離《ディスタンス》』が大ヒット。『6才のボクが、大人になるまで。』など新しい映画手法に挑戦し続けている。

(82) **パトリシア・アークエット**……（1968〜）女優。アメリカのシカゴ生まれ。主役の母親を演じた『6才のボクが、大人になるまで。』でアカデミー賞助演女優賞をはじめ多くの映画賞を獲得した。ほか代表作に『ロスト・ハイウェイ』など。

(83)ダニエル・ダリュー……(1917〜2017)女優。フランスのボルドー生まれ。14歳のとき、『ル・バル』の主役でデビュー。代表作に『うたかたの恋』『赤と黒』『チャタレイ夫人の恋人』など。ドヌーヴとは『ロシュフォールの恋人たち』『8人の女たち』で共演。

(84)ケイト・ウィンスレット……(1975〜)女優。イギリス生まれ。『タイタニック』(97年)のヒロインを演じ、一躍知名度を高めた。ほか代表作に『ネバーランド』。

(85)ナオミ・ワッツ……(1968〜)。女優。イギリス生まれ。デヴィッド・リンチ監督作品『マルホランド・ドライブ』の主役に抜擢される。代表作に『21グラム』『インポッシブル』など。ハリウッド版『ザ・リング』の主演も務めている。

(86)『21グラム』……2003年・アメリカ。監督＝アレハンドロ・ゴンサレス・イニャリトゥ、出演＝ショーン・ペン／ナオミ・ワッツ　人は死んだ時、21グラムだけ軽くなるという。「魂の重さ」をモチーフに交錯する男女を描く。

(87)ヒッチコック……アルフレッド・ヒッチコック(1899〜1980)。映画監督。イギリスのロンドン生まれ。『レベッカ』『裏窓』『めまい』『サイコ』『鳥』など多様な傑作をものした。

(88)ショーン・コネリー……(1930〜2020)男優。スコットランド生まれ。『007』シリーズの初代ジェームズ・ボンド役で知られる。ほか代表作に『アンタッチャブル』『ザ・ロック』など。

(89)『マーニー』……1964年・アメリカ。監督＝アルフレッド・ヒッチコック、出演＝ショーン・コネリー／ティッピー・ヘドレン　社長のマーク（コネリー）は盗癖のある秘書マーニーに惹かれ、彼女の行動の理由を探ろうとする。サイコ・サスペンスの名作。

(90)『ロバと王女』……1970年・フランス。監督＝ジャック・ドゥミ、出演＝カトリーヌ・ドヌーヴ／ジャン・マレー　ペローの童話『ロバの皮』を原作としたミュージカル映画。ドヌーヴ演じる王女がケーキを作ろうとして割った卵からひよこが飛び出すシーンがある。

(91)ルッキーニ……ファブリス・ルッキーニ（1951〜）男優。フランスのパリ生まれ。代表作に『クレールの膝』『屋根裏部屋のマリアたち』など。

(92)ケン・リュウ……（1976〜）小説家。中国生まれ。2012年、『紙の動物園』でネビュラ賞やヒューゴー賞などSF界の権威ある賞を獲得。

(93)『母の記憶に』……ケン・リュウの短編小説。余命2年を宣告された母が、時間の進みが遅くなる方法をとることで、娘とともに生きることを選ぶSF短編。『母の記憶に』（ハヤカワ文庫）に収録。

(94)ジョン・カサヴェテス……（1929〜1989）。映画監督、男優。アメリカのニューヨーク生まれ。即興演技を取り入れた実験作『アメリカの影』のほか代表作に『フエイシズ』『こわれゆく女』『グロリア』『ラヴ・ストリームス』など。

(95)**『旅路の果て』**……1939年・フランス。監督＝ジュリアン・デュヴィヴィエ、出演＝ヴィクトル・フランサン／ルイ・ジューヴェ　南仏の養老院を舞台に、かつてスター俳優だった老人たちが老いについて考える姿を描く。

(96)**『ミスター・アーサー』**……1981年・アメリカ。監督＝スティーヴ・ゴードン、出演＝ダドリー・ムーア／ライザ・ミネリ　ニューヨークの大富豪の御曹司を主人公としたラブコメディ。

(97)**『オープニング・ナイト』**……1978年・アメリカ。監督＝ジョン・カサヴェテス、出演＝ジョン・カサヴェテス／ジーナ・ローランズ　公演初日を控えた舞台女優の葛藤を描く。

(98)**『アクトレス』**……『アクトレス～女たちの舞台～』2014年・フランス／ドイツ／スイス。監督＝オリヴィエ・アサイヤス、出演＝ジュリエット・ビノシュ／クリステン・スチュワート　世代交代に苦悩するベテラン女優をビノシュが演じている。

(99)**『甘い抱擁』**……1968年・アメリカ。監督＝ロバート・アルドリッチ、出演＝ベリル・リード／スザンナ・ヨーク　番組から降板させられた中年女優を主人公に、同性の恋人、ヒロインをクビにしたテレビ局の女性重役の三角関係を描く。

(100)**ワールドセールスのワイルドバンチ**……ワールドセールスとは海外に映画を売るための窓口となる会社のこと。ワイルドバンチはセルロイド・ドリームスなどと並び称される最大手。

(101) **『ディスタンス』**……『DISTANCE』２００１年・日本。監督・脚本＝是枝裕和、出演＝ＡＲＡＴＡ／伊勢谷友介／寺島進／夏川結衣／浅野忠信　オウム真理教事件をモチーフとした是枝監督の長編映画第３作。大量無差別殺人事件の加害者家族を主人公にした社会派ドラマ。

(102) **『奇跡』**……２０１１年・日本。監督・脚本＝是枝裕和、出演＝前田航基／前田旺志郎　九州新幹線の全線開通を機にＪＲの企画により製作された。両親の離婚により鹿児島と福岡で離れて暮らす兄弟を、小学生兄弟漫才コンビ「まえだまえだ」が演じた。

(103) **ヴィゴ・モーテンセン**……（１９５８〜）男優。アメリカのニューヨーク生まれ。『ロード・オブ・ザ・リング』３部作のアラゴルン役で評価を得る。ほか代表作に『イースタン・プロミス』『はじまりへの旅』『グリーンブック』など。

(104) **ＭＵＪＩ**……株式会社良品計画の手がけるブランド。無印良品。海外でも人気を集めている。

(105) **エリック・ゴーティエ**……（１９６１〜）撮影監督。フランス生まれ。『クリスマス・ストーリー』はじめアルノー・デプレシャン監督の撮影を数多く担当している。

(106) **『シェイプ・オブ・ウォーター』**……２０１７年・アメリカ。監督＝ギレルモ・デル・トロ、出演＝サリー・ホーキンス／マイケル・シャノン　発話障害のある女性と半魚人の恋を描く。第90回アカデミー賞で作品賞、監督賞、美術賞、作曲賞を受賞。

(107)ジャ・ジャンクー……賈樟柯(1970〜)映画監督。中国生まれ。中国社会の現状に目を向けたメッセージ性をはらむ作風で「現代の魯迅」と称される。代表作に『長江哀歌《エレジー》』『山河ノスタルジア』『帰れない二人』など。

(108)ウォルター・サレス……(1956〜)映画監督。ブラジルのリオデジャネイロ生まれ。テレビドキュメンタリーでキャリアを築く。『セントラル・ステーション』『ビハインド・ザ・サン』を経て、『ダーク・ウォーター』(日本映画『仄暗い水の底から』のリメイク)でハリウッドに進出。

(109)『モーターサイクル・ダイアリーズ』……2003年・アメリカ/イギリス。監督=ウォルター・サレス、出演=ガエル・ガルシア・ベルナル/ロドリゴ・デ・ラ・セルナ チェ・ゲバラの若き日の南米旅行記をもとにした青春ロードムービー。

(110)マノン・クラヴェルさん……マノン・クラヴェル(1993〜)女優。フランス生まれ。『真実』のオーディションを受け、初の長編映画出演ながらマノン役に抜擢される。この役はイザベルという名前だったが、役柄通り新進女優であるマノン本人の名前へ監督により変更された。

(111)侯さん……侯孝賢(ホウ・シャオシェン/1947〜)映画監督。中国の広東省生まれ。台湾育ち。エドワード・ヤンなどと並び80年代の「台湾ニューシネマの旗手」と称される。代表作に『恋恋風塵』『悲情城市』『珈琲時光』など。

(112)アンソニー・ミンゲラ……(1954〜2008)映画監督。イギリス生まれ。96年の大ヒット作『イングリッシュ・ペイシェント』はアカデミー賞で監督賞をはじめ9部門受賞。ほか代表作に『リプリー』『コールド マウンテン』など。

(113) **ジョン・ブアマン**……（1933～）映画監督。イギリス生まれ。BBCでドキュメンタリー監督を務める。『脱出』『未来惑星ザルドス』『エクソシスト2』など多彩なジャンルでひとくせある娯楽作品を生み出している。

(114) **トラン・アン・ユン**……（1962～）映画監督。ベトナム生まれ。フランスのパリ育ち。93年、長編デビュー作『青いパパイヤの香り』でカンヌ国際映画祭カメラドール（新人監督賞）受賞。ほか代表作に『シクロ』『ノルウェイの森』など。

(115) **『青いパパイヤの香り』**……1993年・フランス／ベトナム。監督＝トラン・アン・ユン、出演＝トラン・ヌー・イエン・ケー／リュ・マン・サン　1951年のサイゴンを舞台に少女の成長を瑞々しく描いた佳品。

(116) **リュック・ベッソン**……（1959～）。映画監督。フランスのパリ生まれ。ヌーヴェル・ヴァーグ以降のフランス映画界に新潮流をもたらす。88年、『グラン・ブルー』で大ヒットを記録。代表作に『レオン』『ニキータ』『フィフス・エレメント』などがある。

(117) **『婚約者の友人』**……2016年・フランス／ドイツ。監督＝フランソワ・オゾン、出演＝ピエール・ニネ／パウラ・ベーア　巨匠ルビッチの『私の殺した男』の原作である戯曲を翻案したミステリードラマ。

(118)「ラ・マルセイエーズ」……フランスの国歌。

(119)**松岡茉優さん**……松岡茉優（1995〜）。女優。東京生まれ。子役として活動をはじめる。『ちはやふる』シリーズ、『勝手にふるえてろ』、是枝監督作品『万引き家族』で高い評価を得る。

(120)**城桧吏くん**……城桧吏（2006〜）。男優。東京生まれ。7歳より芸能活動を開始。是枝監督作品『万引き家族』では万引きをする息子を演じた。

(121)**『隣の女』**……1981年・フランス。監督＝フランソワ・トリュフォー、出演＝ファニー・アルダン／ジェラール・ドパルデュー　かつて愛し合った恋人同士が偶然隣人に。家庭を持つ2人の再会から始まる悲劇。

(122)**シャブロル**……クロード・シャブロル（1930〜2010）映画監督。フランスのパリ生まれ。ゴダール、トリュフォーらと並ぶヌーヴェル・ヴァーグの代表的な監督のひとり。代表作に『いとこ同志』『不貞の女』『肉屋』『クリシーの静かな日々』など多数。

(123)**『最後の賭け』**……1997年・フランス。監督＝クロード・シャブロル、出演＝イザベル・ユペール／ミシェル・セロー　サギ師コンビがユーモラスに活躍する。

(124)**ジャッキー・ベロワイエ**……（1946〜）男優、作家。フランスのランス生まれ。『クレールの刺繍』『変態村』『変態ピエロ』など多彩な作品に出演。

(125)**ロメール**……エリック・ロメール（1920〜2010）映画監督。フランスのチュール生まれ。代表作に『獅子座』『海辺のポーリーヌ』『満月の夜』『パリのランデブー』など。

(126)『恋の秋』……1998年・フランス。監督＝エリック・ロメール、出演＝マリー・リヴィエール／ベアトリス・ロマン　ロメールの「四季の物語」と名づけたシリーズの第4作。

(127)CNC……フランスの国立映画映像センター。文化省直属の映画振興組織で潤沢な資金力を備え、様々な助成システムがある。上映された作品の入場者数に比例して製作者にその一部を還元し、次回の製作費にあてる「自動助成」制度で有名。

(128)3B……3B Productions。フランスの映画制作会社。プロデューサーのミュリエルが所属する。

(129)『いまを生きる』……1989年・アメリカ。監督＝ピーター・ウィアー、出演＝ロビン・ウィリアムズ／ロバート・ショーン・レナード／イーサン・ホーク　全寮制の名門校に赴任してきた型破りな国語教師と生徒の交流。

(130)『パリ、テキサス』……1984年・フランス／西ドイツ。監督＝ヴィム・ヴェンダース、出演＝ハリー・ディーン・スタントン／ナスターシャ・キンスキー　妻子を捨てて失踪した男の、妻と息子との再会、新たな別れ。

(131)『リアリティ・バイツ』……1994年・アメリカ。監督＝ベン・スティラー、出演＝ウィノナ・ライダー／イーサン・ホーク　混沌とした時代に自らの価値観を模索する4

人の若者たちを描く。

(132) **ウィノナ・ライダー**……(1971〜)女優。アメリカのミネソタ州生まれ。代表作に『シザーハンズ』『恋する人魚たち』『若草物語』。

(133) **モンパルナス近くのサン・ジャック通り**……サン・ジャックは「聖ヤコブ」の意味。中世に巡礼者が歩いたことで知られ、現在も多くの遺跡が残る大通り。

(134) **サニエさん**……リュディヴィーヌ・サニエ(1979〜)。女優。フランス生まれ。10歳のとき『夫たち、妻たち、恋人たち』で映画デビュー。フランソワ・オゾン監督の『焼け石に水』のヒロインを演じる。ほか代表作に『スイミング・プール』。

(135) **町山さん**……町山智浩(1962〜)編集者、映画評論家、コラムニスト。洋泉社の編集者時代に『映画秘宝』を立ち上げる。現在はアメリカのカリフォルニア州在住。

(136) **ダルデンヌ兄弟**……兄のジャン=ピエール・ダルデンヌ(1951〜)、弟のリュック・ダルデンヌ(1954〜)の2人からなる映画監督。ベルギー生まれ。『ロゼッタ』で第52回カンヌ国際映画祭パルムドールを受賞。ほか代表作に『ある子供』『少年と自転車』など。

(137) **『少年と自転車』**……2011年・ベルギー/フランス/イタリア。監督=ジャン=ピエール・ダルデンヌ/リュック・ダルデンヌ、出演=トマ・ドレ/セシル・ドゥ・フランス　心を閉ざした少年が、偶然出会った女性との交流から心を回復させていく。第64回カンヌ国際映画祭審査員特別グランプリはじめ数多くの賞を獲得。

(138)『午後8時の訪問者』……2016年・ベルギー／フランス。監督＝ジャン＝ピエール・ダルデンヌ／リュック・ダルデンヌ、出演＝アデル・エネル／オリビエ・ボノー　身元不明の少女を救えなかった女医の心の葛藤。

(139)録音のジャン＝ピエール・デュレさん……ジャン＝ピエール・デュレ（1953〜）。録音技師。フランス生まれ。ダルデンヌ兄弟の作品のほか、『ジャック・ドゥミの少年期』『ヴァン・ゴッホ』などの録音を務める。たびたびセザール賞にノミネートされており、マッツ・ミケルセン主演の『バトル・オブ・ライジング　コールハースの戦い』でセザール賞音響賞を受賞。

(140)『エル・クラン』……2015年・アルゼンチン。監督＝パブロ・トラペロ、出演＝ギレルモ・フランセーヤ／リリー・ポポヴィッチ　実際にあった誘拐殺人事件をベースに、加害者一家にスポットを当てる。

(141)『アメリカの夜』……『映画に愛をこめて　アメリカの夜』1973年・フランス／イタリア。監督＝フランソワ・トリュフォー、出演＝ジャクリーン・ビセット／ジャン＝ピエール・レオ／フランソワ・トリュフォー　映画撮影現場で起こる様々なトラブルを描きつつ、映画製作に打ちこむ人々の姿と映画愛を伝える。

(142)『華氏451』……1966年・イギリス／フランス。監督＝フランソワ・トリュフォー、出演＝オスカー・ウェルナー／ジュリー・クリスティ　原作はレイ・ブラッドベリの同名のSF小説。読書が禁じられた未来社会を舞台に、物質主義・全体主義への批判をこめる。

(143)『**ある映画の物語**』……フランソワ・トリュフォーが創作の内側を明かす撮影日記。レイ・ブラッドベリによる映画『華氏451』の批評も収録されている。

(144)『**欲望という名の電車**』……1951年・アメリカ。監督＝エリア・カザン、出演＝ヴィヴィアン・リー／マーロン・ブランド　未亡人のブランチは妹の夫に暗い過去を暴かれ、精神的に追いこまれていく。テネシー・ウィリアムズの舞台劇の映画化。

(145)**リー・ストラスバーグ**……（1901～1982）男優、演技指導者。ウクライナ生まれ。スタニスラフスキーの演技法を学び、グループ・シアターを創設。アクターズ・スタジオの芸術監督に就任し、マリリン・モンローはじめ名だたる俳優を指導した。

(146)**ステラ・アドラー**……（1901～1992）。演技指導者。アメリカのニューヨーク生まれ。リー・ストラスバーグらとグループ・シアターで活動。マーロン・ブランド、ウォーレン・ベイティなど多くの俳優を指導した。

(147)『**肉屋**』……1969年・フランス／イタリア。監督＝クロード・シャブロル、出演＝ステファーヌ・オードラン／ジャン・ヤンヌ　女教師が親密になった帰還兵の男性に殺人犯の疑念を抱く。

(148)**プルガステル**……クレープリー・ド・プルガステル。モンパルナス駅の近く、クレープ激戦区にある人気クレープ店。

(149)**クリスチャン・クラエさん**……クリスチャン・クラエ（1949～）男優、演出家。

ベルギー生まれ。

(150) 吉田秋生……(1956〜) 漫画家。東京生まれ。代表作に『吉祥天女』『河よりも長くゆるやかに』『櫻の園』『BANANA FISH』『海街diary』など。

(151) 『二十歳の死』……1991年・フランス。監督＝アルノー・デプレシャン、出演＝ティボー・ド・モンタランベール／ロシュ・レポヴィチ　自殺をはかり、生死の境をさまよう青年。この事件により一堂に会した家族の心理を描く。デプレシャン監督のデビュー作。

(152) 『そして僕は恋をする』……1996年・フランス。監督＝アルノー・デプレシャン、出演＝マチュー・アマルリック／エマニュエル・ドヴォス　仕事も恋も停滞気味な大学講師を主人公に人生模様を描く。

(153) マリオン・コティヤール……(1975〜)。女優、フランスのパリ生まれ。『そして僕は恋をする』『TAXi』シリーズの出演を経て『ビッグ・フィッシュ』でハリウッドデビュー。代表作に『NINE』『君と歩く世界』『エヴァの告白』など。

(154) ベルイマン……イングマール・ベルイマン（1918〜2007）。映画監督。スウェーデン生まれ。20世紀を代表する巨匠のひとり。代表作に『野いちご』『処女の泉』『秋のソナタ』など。

(155) アリフレックス……アーノルド&リヒター社によるデジタルシネマ用カメラ。

(156) ライカ……写真、映画のカメラブランドとして知られるメーカー。2008年より映画撮影用レンズも手がけている。

(157)**アン・リー**……李安（1954〜）。映画監督。台湾生まれ。『恋人たちの食卓』『いつか晴れた日に』で地位を確立。代表作に『ハルク』『ブロークバック・マウンテン』『ライフ・オブ・パイ／トラと漂流した227日』など。

(158)**アサイヤス**……オリヴィエ・アサイヤス（1955〜）。映画監督、脚本家。フランスのパリ生まれ。代表作に『夏時間の庭』『アクトレス〜女たちの舞台〜』など。脚本家としてアンドレ・テシネ監督の『ランデヴー』『溺れゆく女』などに参加。

(159)**『Wの悲劇』**……1984年・日本。監督＝澤井信一郎、出演＝薬師丸ひろ子／三田佳子／世良公則　夏樹静子の同名小説を下敷きとしたサスペンス。主役を射止めた劇団の研究生が事件に巻きこまれながら女優として成長していく。

(160)**『死者にかかってきた電話』**……1967年・イギリス。監督＝シドニー・ルメット、出演＝ジェームズ・メイソン／ハリエット・アンデルセン／マクシミリアン・シェル／シモーヌ・シニョレ　ジョン・ル・カレの処女長編小説の映画化。

(161)**『スカーレット・ストリート』**……『緋色の街／スカーレット・ストリート』1945年・アメリカ。監督＝フリッツ・ラング、出演＝エドワード・G・ロビンソン／ジョーン・ベネット　女優の卵を助け、平凡な男の運命が狂い始める。フィルム・ノワールの傑作。

(162)**『飾窓の女』**……1944年・アメリカ。監督＝フリッツ・ラング、出演＝エドワード・

G・ロビンソン／ジョーン・ベネット／レイモンド・マッセイ　魔性の女に関わった初老の男がトラブルに巻きこまれていく。

(163) **『ローラ』**……1960年・フランス。監督＝ジャック・ドゥミ、出演＝アヌーク・エーメ／マルク・ミシェル　キャバレーの踊り子が幼なじみの青年と再会する。

(164) **『モンパルナスの灯』**……1958年・フランス。監督＝ジャック・ベッケル、出演＝ジェラール・フィリップ／リノ・バンチュラ／アヌーク・エーメ　35歳の若さでこの世を去った画家モジリアニの伝記映画。

(165) **アヌーク・エーメ**……（1932〜）女優。フランスのパリ生まれ。『密会』で映画デビュー。フェデリコ・フェリーニやジャック・ドゥミなど多くの名匠に起用された。代表作に『モンパルナスの灯』『甘い生活』『ローラ』『男と女』など多数。

(166) **『こわれゆく女』**……1974年・アメリカ。監督＝ジョン・カサヴェテス、出演＝ジーナ・ローランズ／ピーター・フォーク　夫と子どもを深く愛しながらも、感受性が強いあまりに日常生活の中で神経をすり減らしていくヒロイン。カサヴェテスの最高傑作。

(167) **溝口健二の言う「反射」**……『雨月物語』『山椒大夫』などで知られる映画監督・溝口健二（1898〜1956）は、役者に対し頻繁に「反射してください」という言葉をかけた。ほかの役者の台詞や動きを受け取り、それに反応して自分の演技を行うという意味。

(168)『歴史は女で作られる』……1955年・フランス。監督＝マックス・オフュルス、出演＝マルティーヌ・キャロル／ピーター・ユスティノフ　19世紀末、ルードヴィヒ1世をはじめ多くの男たちと浮き名を流した実在のダンサー、ローラ・モンテスの生涯を描く。

(169)『うたかたの恋』……1935年・フランス。監督＝アナトール・リトバク、出演＝シャルル・ボワイエ／ダニエル・ダリュー　皇太子と、男爵令嬢の許されぬ恋。実際にあった心中事件をもとにした悲恋物語。

(170)『サンフォード・マイズナー・オン・アクティング』……アメリカ演劇界に大きく貢献した演技指導者サンフォード・マイズナーと、デニス・ロングウェルによる、演劇学校のドキュメント。

(171)テルライド映画祭……アメリカのコロラド州テルライドで毎年開催されている映画祭。

(172)『アルファヴィル』……1965年・フランス／イタリア。監督＝ジャン＝リュック・ゴダール、出演＝アンナ・カリーナ／エディ・コンスタンティーヌ　人々が電子指令機の言いなりとなった未来都市アルファヴィルを舞台にしたSF映画。

(173)『眠れる美女』……2012年・イタリア／フランス。監督＝マルコ・ベロッキオ、出演＝トニ・セルヴィッロ／イザベル・ユペール　尊厳死問題に直面した3組の人々それぞれの葛藤。

(174)『わたしを離さないで』……2010年・イギリス／アメリカ。監督＝マーク・ロマネク、出演＝キャリー・マリガン／アンドリュー・ガーフィールド　原作はノーベル賞作家カズオ・イシグロの同名小説。残酷な運命を背負った少年少女たちを描く。

(175)『エクス・マキナ』……2015年・イギリス。監督＝アレックス・ガーランド、出演＝アリシア・ヴィカンダー／ドーナル・グリーソン　人工知能の実験を担当する若者が、女性型の美しいロボットと接する。

(176)『月に囚われた男』……2009年・イギリス。監督＝ダンカン・ジョーンズ、出演＝サム・ロクウェル／ドミニク・マケリゴット　ひとりで月へ飛び立った宇宙飛行士がアクシデントに見舞われ、不可解な現象に苛まれていく。

(177)『遊星からの物体X』……1982年・アメリカ。監督＝ジョン・カーペンター、出演＝カート・ラッセル／A・ウィルフォード・ブリムリー／リチャード・ダイサート　南極の氷に埋まっていたエイリアンが蘇生して人間を襲う。

(178)『ある日どこかで』……1980年・アメリカ。監督＝ジュノー・シュウォーク、出演＝クリストファー・リーヴ／ジェーン・シーモア　時空を超えたせつない恋愛を描く。

(179)『ラ・ジュテ』……1962年・フランス。監督＝クリス・マルケル、出演＝エレーヌ・シャトラン／ダフォ・アニシ　第二次世界大戦後の、人類が絶滅に瀕した世界。主人公は過去の謎を探るためにタイムトラベルを繰り返す。

(180)『プリデスティネーション』……2014年・オーストラリア。監督＝マイケル・スピエリッグ／ピーター・スピエリッグ、出演＝イーサン・ホーク／セーラ・スヌーク時空を超えたSFサスペンス。

(181)『柔らかい肌』……1964年・フランス。監督＝フワンソワ・トリュフォー、出演＝ジャン・ドサイー／フランソワーズ・ドルレアック　年若い美女と恋に落ちた妻子ある中年男の二重生活。

(182)アラン・レネ……（1922〜2014）映画監督。フランスのヴァンヌ生まれ。戦後のフランス映画界を代表する巨匠のひとり。代表作に『夜と霧』『去年マリエンバートで』ほか多数。エリック・ゴーティエはレネ監督の『風にそよぐ草』でカメラマンを務めている。

(183)ドルレアック……フランソワーズ・ドルレアック（1942〜1967）。女優。フランスのパリ生まれ。代表作に『柔らかい肌』『袋小路』など。実妹であるカトリーヌ・ドヌーヴとは『ロシュフォールの恋人たち』などで共演。25歳の若さで交通事故により他界。

(184)サン・セバスティアンの映画祭……正式名称は「サン・セバスティアン国際映画祭」。スペインのサン・セバスティアンで毎年開かれているスペイン最大の国際映画祭。2018年、是枝監督は俳優または監督に贈られるもっとも名誉ある賞「ドノスティア賞（生涯功労賞）」を受賞。

(185)橋爪功さん……橋爪功（1941〜）男優。大阪生まれ。映画『東京家族』で第37回日本アカデミー賞主演男優賞受賞。是枝監督作品『奇跡』『海よりもまだ深く』で、文学座附属演劇研究所の同期生である樹木希林と共演。樹木の葬儀の際に、是枝監督の弔辞を代読した。

(186) **野田秀樹さん**……野田秀樹（1955〜）。劇作家、演出家、俳優。長崎県生まれ。76年に劇団「夢の遊眠社」を結成。92年に解散の後、93年に「野田地図（NODA MAP）」を旗揚げ。代表作に『少年狩り』『贋作 桜の森の満開の下』など。

(187) **『贋作 桜の森の満開の下』**……野田秀樹が坂口安吾の小説『桜の森の満開の下』と『夜長姫と耳男』を下敷きに書き下ろした劇作品。1989年の初演時より、伝説的作品と評される。2018年9月、日仏友好160周年を記念してパリで開かれたイベント「ジャポニスム2018」の一環として国立シャイヨー劇場で上演された。

(188) **深津さん**……深津絵里（1973〜）。女優。大分県生まれ。88年に『1999年の夏休み』で映画デビュー。代表作に、映画『阿修羅のごとく』『悪人』など。2018年にパリで上演された『贋作 桜の森の満開の下』に妻夫木聡、天海祐希とともに出演。

(189) **モンスリー公園**……パリ14区の南端にある、パリの三大公園のひとつ。

(190) **カラックス**……レオス・カラックス（1960〜）。映画監督。フランスのシュレンヌ生まれ。『ボーイ・ミーツ・ガール』で「ゴダールの再来」と評判をとる。代表作に『汚れた血』『ポンヌフの恋人』『ポーラX』など。

(191) **『ポンヌフの恋人』**……1991年・フランス。監督＝レオス・カラックス、出演＝ジュリエット・ビノシュ／ドニ・ラヴァン　カラックス監督が自身を投影したホームレスの青年と、失明の恐怖を抱える画学生の純愛を描く。

(192)**ル・モンド**……フランスの代表的な新聞（夕刊紙）。1944年に創刊。

(193)**モロッコのマラケシュ映画祭**……正式名称は「マラケシュ国際映画祭」。モロッコのマラケシュで開催。アフリカ・アラブ圏の映画祭としては最大級といわれる。

(194)**カナリア諸島の映画祭**……スペインのカナリア諸島で開催される「ラス・パルマス国際映画祭」。

(195)**飯島奈美さん**……飯島奈美（1969〜）。フードスタイリスト。東京生まれ。『かもめ食堂』、テレビドラマ『深夜食堂』、是枝作品では『そして父になる』『海街diary』『舞妓さんちのまかないさん』でフードスタイリングを手がける。

(196)**川内倫子さん**……川内倫子（1972〜）。写真家。滋賀県生まれ。2002年、写真集『うたたね』『花火』などで木村伊兵衛写真賞を受賞。是枝監督作品『誰も知らない』でスチールを担当。

(197)**米国アカデミー賞**……受賞者に贈られる金色のオスカー像から「オスカー」とも呼ばれる。是枝監督作品『万引き家族』は2019年に外国語映画賞にノミネート。

(198)**近藤龍人さん**……近藤龍人（1976〜）。映画カメラマン。愛知県生まれ。97年、大学在学中に『鬼畜大宴会』で撮影助手を務める。『万引き家族』で第42回日本アカデミー賞最優秀撮影賞を受賞。

(199)**分福**……是枝裕和を中心に設立された映画、テレビ番組、CMなど映像作品の企画・

制作を行う制作者集団。西川美和、砂田麻美、広瀬奈々子らが所属。

(200) **西川美和**……（1974〜）。映画監督。広島県生まれ。大学在学中に是枝監督作品『ワンダフルライフ』にスタッフとして参加。『蛇イチゴ』でオリジナル脚本・監督デビュー。代表作に『ゆれる』『ディア・ドクター』『永い言い訳』など。

(201) **『インサイド・ヘッド』**……2015年・アメリカ。監督＝ピート・ドクター／ロニー・デル・カルメン、出演＝エイミー・ポーラー／フィリス・スミス　ある女の子の頭の中を舞台に「ヨロコビ」「イカリ」「ムカムカ」「ビビリ」「カナシミ」の感情が織りなすドラマを描くアニメーション映画。日本語吹替版でのカナシミ役の大竹しのぶの好演も話題になった。

(202) **切り返し**……対話している2人を撮るとき、2人を交互に撮影する手法。2つ以上の場面を交互につなぐ編集方法。カットバック。

(203) **パーフォレーション**……写真や映画用のフィルムの両端に一定間隔で開けてある四角い穴。撮影時、映写時にフィルムを送るためにある。映画に使われる35ミリ幅のフィルムでは1フレームの横に4つのパーフォレーションがある。

(204) **ブローアップ**……画面を引き伸ばし、拡大すること。

(205) **DCP**……デジタルシネマパッケージ。デジタルデータによる上映方式。現在は映写機ではなくDCPが劇場のスタンダードとなっている。フィルムで撮影した映像も、DCP用のプロジェクターで映写できるようにデータ化する際の標準規格として開発された。

(206) **特機部**……特殊機械部。映像を撮影するときにクレーンなどの撮影用特殊機械の操作を担当する専門部署。

(207) **『マチネの終わりに』**……2019年・日本。監督＝西谷弘、出演＝福山雅治／石田ゆり子　原作は平野啓一郎の同名の長編小説。

(208) **『そして父になる』**……2013年・日本。監督・脚本＝是枝裕和、出演＝福山雅治／尾野真千子　育てた子どもが病院で取り違えられた他人の子だったと知らされた2組の夫婦。第66回カンヌ国際映画祭審査員賞受賞。

(209) **イエローベスト**……2018年11月よりフランスで発生した政府への抗議活動。燃料税の引き上げを機に始まり、税制改革の負担増や生活費の高騰に対し抗議する主旨。「イエローベスト」は参加者が着た、フランスで自動車運転者が所持を義務づけられている蛍光色の黄色いベストにちなむ。

(210) **山崎裕さん**……山崎裕（1940〜）。映画撮影監督。東京生まれ。是枝監督作品では『誰も知らない』『花よりもなほ』『歩いても 歩いても』『奇跡』などに参加。2010年『トルソ』で監督デビュー。

(211) **ペ・ドゥナさん**……ペ・ドゥナ（1979〜）。女優。韓国のソウル生まれ。99年、日本映画『リング』の韓国リメイク版『リング・ウィルス』の貞子役でデビュー。是枝監督作品『空気人形』の主演を務め、『ベイビー・ブローカー』では刑事役を務めた。

ほか代表作に『子猫をお願い』『私の少女』など。

(212) **大竹しのぶさん**……大竹しのぶ（1957～）女優、タレント、歌手。東京生まれ。高校時代に『青春の門』で映画デビュー。『事件』『あ、野麦峠』『黒い家』『鉄道員（ぽっぽや）』など代表作多数。是枝監督作品では『海街diary』に出演。

(213) **宮沢りえさん**……宮沢りえ（1973～）女優。東京生まれ。代表作に『ぼくらの七日間戦争』『たそがれ清兵衛』『父と暮せば』『紙の月』『湯を沸かすほどの熱い愛』など多数。是枝監督作品では『花よりもなほ』に出演。

(214) **『バーニング』**……『バーニング 劇場版』2018年・韓国。監督＝イ・チャンドン、出演＝ユ・アイン／スティーヴン・ユアン 原作は村上春樹の短編小説『納屋を焼く』。

(215) **坂元裕二さん**……坂元裕二（1967～）脚本家。大阪生まれ。23歳の時に脚本を担当したテレビドラマ『東京ラブストーリー』が大ヒット。代表作にテレビドラマ『カルテット』『大豆田とわ子と三人の元夫』、映画『花束みたいな恋をした』など。

(216) **釜山国際映画祭**……1996年に創設され、韓国の釜山で毎年10月に開かれる国際映画祭。

(217) **ホン・ギョンピョさん**……ホン・ギョンピョ（1962～）撮影監督。韓国の慶尚北道生まれ。『パラサイト　半地下の家族』『流浪の月』『ブラザーフッド』『母なる証明』『バーニング　劇場版』など数多くの作品の撮影を手がける。

(218) **『イカゲーム』**……2021年・韓国。Netflix配信のサバイバルドラマ。大金をかけて争い、脱落者は容赦なく殺される。

(219) **助監督の藤本さん**……藤本信介（1979〜）。石川県生まれ。『美しき野獣』『悲夢』『お嬢さん』『アイアムアヒーロー』など韓国映画、日韓合作映画に幅広くかかわっている。

(220) **『すばらしき世界』**……2021年・日本。監督＝西川美和、出演＝役所広司／仲野太賀　佐木隆三『身分帳』を原案とし、人生の大半を裏社会と刑務所で過ごした男の姿を描く。第56回シカゴ国際映画祭で観客賞と最優秀演技賞（役所広司）の2冠に輝く。

(221) **イ・ジウン（IU）さん**……イ・ジウン（1993〜）シンガーソングライター、女優。韓国のソウル生まれ。「国民の妹」と呼ばれるほど絶大な人気を誇る。是枝監督は、コロナ禍で家にいるときに『マイ・ディア・ミスター〜私のおじさん〜』を見てＩＵのファンになったと話している。

(222) **ポン・ジュノ**……（1969〜）映画監督。韓国の大邱生まれ。『ほえる犬は噛まない』で長編映画初監督を務め、脚本も担当。『パラサイト 半地下の家族』は、韓国映画史上最高の興行収入を記録し、第92回アカデミー賞では作品賞、監督賞、脚本賞を受賞。

(223) **イ・チャンドン**……（1954〜）映画監督。韓国の大邱生まれ。『オアシス』で第59回ヴェネチア国際映画祭の銀獅子賞を受賞。8年間の沈黙の後、村上春樹の短編小説『納屋を焼く』を映画化した『バーニング 劇場版』を発表。

(224) **『舞妓さんちのまかないさん』**……2023年・日本。Netflixの配信ドラマ。総合演出

＝是枝裕和、出演＝森七菜／出口夏希／橋本愛／松坂慶子　小山愛子の同名漫画を原作に、青森から舞妓になるために京都にやってきたキヨとすみれの姿を美味しいごはんを通して綴る。

(225)『怪物』……2023年6月公開の日本映画。監督＝是枝裕和、脚本＝坂元裕二、音楽＝坂本龍一の話題作。出演＝安藤サクラ／永山瑛太／田中裕子／黒川想矢／柊木陽太2023年4月現在、第76回カンヌ映画祭のコンペティション部門に正式出品が決まっている。是枝作品の選出は、『ベイビー・ブローカー』に続いて2年連続の快挙。

(226)『ゴーイング マイ ホーム』……2012年に放映されたテレビドラマ。監督・脚本＝是枝裕和、出演＝阿部寛／山口智子／宮崎あおい

(227)酒井夢月さん……酒井夢月。ヘアメイク。『永い言い訳』『万引き家族』『すばらしき世界』『ある男』などを担当。

(228)録音の冨ちゃん……冨田和彦。録音技師。『三度目の殺人』『万引き家族』『青くて痛くて脆い』『舞妓さんちのまかないさん』などを担当。

(229)黒澤和子さん……黒澤和子（1954〜）映画衣裳デザイナー。黒澤明の長女。『夢』『たそがれ清兵衛』『歩いても 歩いても』『そして父になる』『海よりもまだ深く』、テレビドラマ『麒麟がくる』など数多くの作品を担当。

(230)照明の尾下さん……尾下栄治。照明技師。『歩いても 歩いても』『ディア・ドクター』『空気人形』『ソナチネ』『冷たい熱帯魚』『よこがお』『舞妓さんちのまかないさん』な

どを担当。

(231) **助監督の森本君**……森本晶一。『三度目の殺人』『万引き家族』『泣く子はいねぇが』『マイスモールランド』などの助監督を務める。

(232) **伴瀬さん**……伴瀬萌。『泣く子はいねぇが』『マイスモールランド』などのプロデューサーを務める。

(233) **『幻の光』**……1995年・日本。監督＝是枝裕和、出演＝江角マキコ／浅野忠信／内藤剛志　宮本輝の同名小説を原作にした是枝監督の劇場映画デビュー作。ある日突然、動機の分からない自殺で夫を失った女性の喪失と再生の物語。ヴェネチア国際映画祭で金オゼッラ賞を受賞。

解説　映画の暴力と救済について

橋本愛

『舞妓さんちのまかないさん』というNetflixの配信ドラマで、是枝さんの作品に出演するという夢が叶った。念願だった。夢が叶う心地というものを、初めて鮮明に感じた気がした。けれどほんの少しだけ滲んだ涙は、嬉しさだけを物語るものではなかった。

現実から浮世離れしていたものが、突如日常生活の延長線上に立ち現れ、今までは手の届かなかったそれの手触りを知った。具体的な責任や実務がのしかかり、喜びに浮ついてはいけないと自制心も働き、私の足はしっかりと地面に着いていた。

夢が叶うということは、夢が消えるということだ。私はそれがほんの少しだけ、さみしいような気もした。

映画の加害性について考える。

まず一つは、カメラそのものが持つ暴力性。

当然人は、不可逆な時間の中で変化し続ける生き物である。カメラはそれを切り取ることで、いつだって再生可能な時間の中に役者を閉じ込め、冷凍保存してしまう。作品の中に生きる自分について語られるとき、そこに今の私は存在しない。すでに他人となった自分の姿が持て囃されるも非難されるも、そこに今の私はいないのだから、今の自分は透明化されてしまう。

ほとんど確実に、過去の自分と今の自分を比較されることも暴力の一つだ。「以前と変わらない」「以前より魅力的になった」というのではなく、「以前のあなたの方が好きだった」などと言われたとするならば、それはすでに死んでいる、自分の亡き骸への愛を語られることになる。今を生きる自分の姿は劣っているとみなされ、これまでの人生を、生きてきた時間を丸ごと否定されるような、そんな心持ちになる。

これらの役者として受ける暴力は、その暴力を受ける環境を自ら選んでいるということもあるため、私は異議申し立てをしたいわけではない。

私の体にはいくつもの痣が残っている。この痣だらけの体を美しいと魅せることでしか、この暴力に立ち向かう方法はない。

演じることの加害性。

映画や演技は「嘘」「虚構」だと思い込んでしまうのは危険だと思う。映画の中に生きる人は、この世に生きる誰かの写し身だ。映画で描かれる物語は、ＳＦだろうとファンタジーであろうと、この世に生きる誰かの人生そのものだ。それを嘘だと言ってしまえば、誰かの命や人生を嘘とみなすことになる。

「演技はある種の嘘のようにも思われがちだが、自分にとってはむしろ真実に属するもの」――ビノシュの語る実感は、私の実感そのものだ。

私たちは真実を生き、真実を拡散する役目を担っている。だからこそ、むしろ「嘘」をついてはいけないと思っている。この嘘について一部言語化するなら、「この世に存在しないもの」、「誰の人生にも交差しないもの」である。その点において考えれば、嘘を生み出す人の中に嘘が発生する時点で、全くの嘘というものは存在しないのだが、矛盾を孕むものこそ真理である。なんにせよ、今を生きている人の人生を扱うのだから、演じる際には相当な注意が必要なのだ。

例えば実際に起きた事件や出来事、また実在する人物を演じるとき、その当事者となる人を一つも傷つけずに演じることは可能だろうかと考える。そしてきっと、不可能に近いだろうと絶望する。それでも、加害の可能性の覚悟を持って、誰かの救済となる可能性に懸ける。それが私の仕事であり、私の原罪だ。

しかし演じるとき、誰よりもまず先に加害するのは自分自身である。私にとって演じることは、他者の不幸を一身に背負うことだ。他者の悲しみや苦しみを、真正面から引き受けることだ。それは人生に立ち向かうことと同義で、逃げも隠れもできない。

私と役の二人分の心が、悲しみが、思い出したくもないような惨《むご》いことが、体内に一人分しかないはずのスペースに所狭しとぎゅうぎゅうに同居し、私の心身を圧迫する。演技の上ではいつも私は加害者であり、被害者であり、救済されし者である。演じることで誰かを傷つけ、自分を痛めつけ、しかし誰よりも先に、自分が救われるのだ。

物語を生み出す人が、「嘘」「虚構」をどのように捉えているかはわからない。嘘から出た実《まこと》というように、出発点は嘘であっても、その過程と結果によって真実に成り得るという見方もある。けれど、是枝さんの生み出す物語や描く人物は、その出発点に真実がある気がする。たった今共に生きている誰かの小さな小さな息づかいから、物語が立ち上がっている気がしてならない。

映画の救済について考える。

映画は誰かを加害すると同時に、いつも誰かを救済している。一秒、一晩、一日と、確実に誰かを生き延ばしている。最も深度の高い救済は、人の人生を変えてしまうことだろう。

その証明が、他でもないこの私自身である。私は映画におよそ二時間ずつ人生を引き伸ばしてもらって、ここまで命を食い繋いできた。そして、どう生きるべきか、どう死ぬべきかの信念を発見し、人生を祝福できるようになるまで回復した。

映画には、世界を変える力がある。映画によって新たな概念を構築した観客は、その概念なしに人と関わることはできない。いつしか関わった相手にも概念が届き、水面下で、蜘蛛の巣状に伝染していき、やがて世界は少し前と違った様相になっている――。そのようなことが、これまでずっと続いてきた。声を上げる勇気、作品を生み出す覚悟を持つ者が、実質的に世界を変える力を持っている。この力は偉大なものだ。だからこそ慎重に、誠実に取り扱わなくてはならない。

是枝さんはいつも、自身の持つ力――そこには権力を含む――が孕む加害性について、考え続け、見つめ直し、疑い続けているのではないかと思う。誰よりも繊細に、作品とそれに携わる人々を、大切に丁寧に掬い上げようとしている気がする。時にはその両手から、こぼれ落ちてしまう人もいるんだろう。どうしようもできないことや人を、おそらくたくさん、たくさん見てこられたんだろう。それでも、現場にいるときの監督は少年のように、誰よりもワクワクしているのが伝わってくる。その純粋さを守るために、外界の邪悪さを上回る邪悪さを身につけながら、人や物事の深部を見極めようとしているような、そんな気がする。

映画『真実』によって思い起こされたのは、私自身のかつての救済だ。クライマックス、母娘の和解のシーン。

私は長い間、母を「母」という生き物として捉えることしかできなかった。母にも自分と同じように、幼少時代があり、学生時代があり、母の母（私の祖母）との〝母娘〟としての関係が地続きにある、一人の人間なのだと捉えることができなかった。

母には母親としての役目があり、それを完遂してもらわねば困る、と思っていた。その役目とは、「子を愛すること」だった。「私を愛して欲しい」。ずっとそう思っていた。けれど私は欲しがるばかりで、母の欲しいものを感じ取ったことがあったか？　自分をわかって欲しいと思うばかりで、母をわかろうとしたことは一度でもあったか？

例えば私が二十歳の頃。私を産んで二十年ともなればベテランの母親だという見方もできるが、「二十歳の私」の母親になるのは、私が二十歳の時節だけだ。《「二十歳の私」の母親》は、私と同じ瞬間に誕生日を迎え、母親としての立場は初心者に立ち戻る。

誰しもが日々生まれ直しているのだから、お互い未熟で当然だった。母が私との和解の際、本作のファビエンヌのように「優しい嘘」をついていたとしても構わない。私は満たされている。なぜなら、私が故郷を愛おしく思えるということは、幼少の頃、母が私に必要なものを十分に与えてくれていたということだ。今でも東京という混濁した都会で少しでも故郷の面影を探そうとするのは、私が子供の頃「幸せだった」という証だ。これほどありがたいことはない。これからもずっと互いに未熟なまま、関係は固定化されることなく、いつだって新鮮でいつだって不安定なまま、続いていくのだから。

最後に　樹木希林さんについて

『真実』で描かれた母娘には、きっと樹木さんの存在が寄与しているのではないかと感じ取る。是枝さんにとって、樹木さんがどれほど大切な存在であるかを感じ取る。作品の本質を共有して、監督の想像、要望を超えて、樹木さんが偉大な力で作品に貢献されてきた軌跡を、ほんの少しだけれど知っている。

私は一度だけ同じ映画に出演したことはあっても、共演シーンは一つとなく、一緒にお芝居をすることは叶わなかった。それでも樹木さんは、私にとってもとても大切な人だ。感謝してもしきれない。

あまりにも未熟な自分を助けてくれた。本を読むこと、人の人生を知ることが大事だと教えてくれた。何事も面白がって、平気に生きることは可能なのだと教えてくれた。自分の誕生日と星座があまり好きではなかったけれど、樹木さんと三日違いで、同じ星座であるというだけでなんだかちょっと嬉しい。

樹木さんのようにとはいかなくとも、私は私の人生をもって、作品に貢献できる力をもっともっと養っていきたい。その力を、正しく美しく扱えるように。

そしてまたいつか、以前とは比べ物にならないほど至高の自分で、是枝さんの作品に参加したい。夢は消失した瞬間に、蘇生した。

追伸

ファビエンヌの自伝とは違って、この解説（という体《てい》の雑感……）に、一つの嘘もないことを断言する。

（女優）

単行本『こんな雨の日に　映画「真実」をめぐるいくつかのこと』
二〇一九年九月　文藝春秋刊
文庫化にあたり改題しました
本文ＤＴＰ　エヴリ・シンク
註釈協力　粟生こずえ

文春文庫

映画《えいが》の生《う》まれる場所《ばしよ》で

定価はカバーに
表示してあります

2023年6月10日　第1刷

著　者　是《これ》枝《えだ》裕《ひろ》和《かず》
発行者　大沼貴之
発行所　株式会社 文藝春秋

東京都千代田区紀尾井町3-23　〒102-8008
TEL 03・3265・1211㈹
文藝春秋ホームページ　http://www.bunshun.co.jp

落丁、乱丁本は、お手数ですが小社製作部宛お送り下さい。送料小社負担でお取替致します。

印刷・図書印刷　製本・加藤製本

Printed in Japan
ISBN978-4-16-792059-3